PONT NeuF *entrée*

Französisch für Einsteiger

Von
Michel Boiron
Janine Bruchet
Martine Delaud
Bernd Kleinheyer
René M. Piedmont
Jacqueline Sword

Ernst Klett Verlag
Stuttgart · Düsseldorf · Leipzig

PONT NEUF *entrée*

Französisch für Einsteiger

von
Michel Boiron, Directeur pédagogique
du CAVILAM, Vichy
Janine Bruchet, M.A.,
Sprachtrainerin in Offenbach
Martine Delaud, M.A., Kursleiterin
an der VHS München
Bernd Kleinheyer, Lehrer beim
Walter-Friedländer-Bildungswerk, Berlin
Dr. René M. Piedmont, hauptamtlicher pädagogischer
Mitarbeiter an der VHS Koblenz
Jacqueline Sword, M.A., Fachbereichsleiterin
für Sprachen an der Leine-VHS
Dr. Annegret Hilligus, wissenschaftliche
Mitarbeiterin an der Universität-Gesamthochschule
Paderborn (Grammatik)

Illustrationen:
Thierry Duchesne, Editions Delcourt, Paris

Layout und Einbandgestaltung:
Patrick Deiller, Christine Schneyer
Foto: Bertrand Naudin, Agence Marco Polo, Paris

1. Auflage A 1 5 | 2004

Alle Drucke dieser Auflage können im Unterricht
nebeneinander benutzt werden.
Die letzte Zahl bezeichnet das Jahr dieses Druckes.

Herstellung:
Achim Hutt

Redaktion:
Krystelle Jambon
Michèle Périgault

Druck: Druckhaus Götz GmbH, Ludwigsburg
ISBN 3-12-**529111**-9

9 783125 291119

Liebe Kursteilnehmerinnen und Kursteilnehmer,

herzlich willkommen bei **Pont NeuF entrée**, dem Französisch-Lehrwerk mit dem sanften Einstieg!

Wir wollen Ihnen die Teile des Buches kurz vorstellen:

- Ihr Buch, das Lehr- und Arbeitsbuch zugleich ist, besteht aus 12 *Séquences*. Jeweils 3 *Séquences* bilden eine *Leçon*. Jede *Leçon* führt Sie sprachlich in ein kommunikationsorientiertes Thema ein: *Leçon 1* beschäftigt sich mit der ersten Kontaktaufnahme *(Premiers contacts)*, *Leçon 2* mit dem näheren Kennenlernen über gemeinsame Interessen *(Connaître, c'est aimer)*, *Leçon 3* ist der schriftlichen und telefonischen Kontaktaufnahme gewidmet *(Comment communiquer)* und *Leçon 4* dem Kommunizieren auf Einladungen und Partys *(À la maison)*.
- Am Ende jeder *Leçon* finden Sie Lerntipps, die Ihnen praktische Hilfestellung für Ihr ganz persönliches Arbeiten geben.
- Wenn Sie das Ende der 4 *Leçons* bzw. 12 *Séquences* erreicht haben, wartet der *Entracte* auf Sie. Hier können Sie sich (auf Ihren Lorbeeren) ausruhen, das Gelernte nochmals Revue passieren lassen, wiederholen und erweitern und sich auf den nächsten Band, **Pont NeuF en route**, vorbereiten.
- Aber Ihr Buch bietet noch mehr: Im Anhang finden Sie zunächst neben zusätzlichen Aufgabenstellungen für den Unterricht und zu Hause auch Übungen für den Gebrauch des Französischen in berufsbezogenem Kontext *(Rendez-vous d'affaires)* sowie, für Ihre nächste Frankreich-Reise, nützliche Redewendungen mit deutscher Übersetzung *(Support touristique)*.
- Daran schließt sich die lektionsbegleitende Grammatik. Sie dient zur Beseitigung von eventuell auftretenden Unklarheiten und zur häuslichen Nacharbeit.
- Den Abschluss bilden die Wörterverzeichnisse, die abgedruckten Hörtexte sowie die Lösungen zu sämtlichen Übungen.

Und nun noch einige Informationen zum Aufbau der *Leçons* und zur Arbeit mit Ihrem Buch:

- Jede *Leçon* von **Pont NeuF entrée** ist einem Thema gewidmet, das Ihnen mit einer Auftaktseite vorgestellt wird. Die sich anschließenden 3 *Séquences* beschäftigen sich mit verschiedenen Aspekten des jeweiligen Lektionsthemas und werden durch eine Übersichtstabelle *(J'ai appris)* abgeschlossen, die es Ihnen ermöglicht, Ihren Kenntnisstand zu überprüfen und den Lernstoff nachzubereiten, wenn Sie eine Stunde versäumt haben.
- Grundlage des Lernstoffes in **Pont NeuF entrée** bilden meist Texte. Es können Lesetexte, Hörtexte oder Kombinationen von Text und Bild sein. Bei diesen Texten werden Sie zunächst nicht alles verstehen, aber das ist auch nicht erforderlich. Bestimmt verstehen Sie viel mehr als Sie glauben, z. B. die Situation oder den Gesamtsinn des Textes, vielleicht auch wichtige Einzelheiten. **Pont NeuF entrée** unterstützt Sie dabei mit einfachen Aufgabenstellungen, z.B. dem Unterstreichen bekannter Wörter oder dem Beantworten gezielter Fragen. Auch im Ausland werden Sie nicht immer jedes einzelne Wort verstehen können, mit **Pont NeuF entrée** werden Sie deshalb gezielt darauf vorbereitet, die für Sie wichtigen Informationen herauszufiltern.
- Da Sie Französisch lernen, um vor allem mit anderen zu kommunizieren, fördern die Aktivitäten in **Pont NeuF entrée** den Austausch mit Kursteilnehmerinnen und Kursteilnehmern.
Häufig werden Sie dazu eingeladen, Aufgaben zu zweit oder in der Gruppe zu lösen. So erleben Sie von Anfang an die französische Sprache als Mittel zur Kommunikation mit anderen. Sie erleben sie aber auch im spielerischen Umgang mit einfachen Reimen, die die Zunge lösen, die Fantasie beflügeln und einfach Spaß machen *(Pour le plaisir)*.
Für Ihre Sicherheit und das selbständige Überprüfen zu Hause enthält der Anhang Lösungen und Lösungsvorschläge zu allen Übungen.
- Grammatik ist Bestandteil der Arbeit mit **Pont NeuF entrée**. Nach gründlicher, kleinschrittiger Vorbereitung wird es Ihnen nicht schwer fallen, Verbtabellen zu ergänzen oder Regelmäßigkeiten festzustellen. Und was Sie selbst erarbeiten, werden Sie auch im Gedächtnis behalten.

In diesem Sinne wünschen wir Ihnen
viel Spaß beim Entdecken
und viel Erfolg auf Ihrem Lernweg.

Ihr Pont NeuF entrée-Team

 Hören

 Schreiben

 Partnerarbeit

 Gruppenarbeit

INHALT

Kommunikative Lernziele	Grammatik	Landeskunde	Phonetik	Seite
BIENVENUE				8
1 PREMIERS CONTACTS				10
1 Bonjour !				11
• sich begrüßen, sich verabschieden • sich vorstellen, nach dem Namen fragen • sich nach dem Befinden erkundigen, sich entschuldigen		• Begrüßungsformen		
2 Ça s'écrit comment ?				15
• nach der Schreibweise eines Wortes fragen • sich entschuldigen • rückfragen	◊ das Alphabet	• interkultureller Vergleich: der Umgang mit Fremdwörtern	• grafische Akzente [e], [ɛ] • die Laute [y], [o], [u]	
3 Deux ou quatre ?				19
• über sich sprechen • etw. bejahen, verneinen	◊ die Grundzahlen von 0 bis 20			
Lerntipps 1				23
2 CONNAÎTRE, C'EST AIMER				25
4 Moi, j'aime...				26
• Vorlieben äußern • Fragen stellen	◊ die Personalpronomen (Subjekt) ◊ Präsensformen von *aimer*	• Städte und Regionen in Frankreich • frz. Spezialitäten • interkultureller Vergleich: Was ist typisch französisch?	• die Satzmelodie im Frage- und Aussagesatz (Intonationsfrage) • die Laute [wa] und [ɥi]	
5 Pour le plaisir				30
• Begründungen angeben • über sich und andere Personen sprechen (Beruf und Vorlieben)	◊ Präsensformen der Verben auf -er			

Kommunikative Lernziele	Grammatik	Landeskunde	Phonetik	Seite
6 On parle français				34
• Nationalitäten angeben • Vorlieben äußern	◊ der bestimmte Artikel im Singular und Plural ◊ Plural der Substantive ◊ Präsensformen von *être*	• interkulturelles: Gemeinsamkeiten zwischen den Nachbarländern: Deutschland, Frankreich, Belgien, Luxemburg (Gastronomie, Mode)	• der Laut [k]	
Lerntipps 2				39
3 COMMENT COMMUNIQUER				41
7 Amitiés				42
• eine französische Postkarte lesen und schreiben • über das Wetter sprechen • über Charaktereigenschaften sprechen	◊ die Verneinung mit *ne... pas* ◊ Adjektive im Singular und Plural	• Anrede- und Schlußformeln beim Briefeschreiben • Postkarten aus französischsprachigen Ländern und französischen Städten • Informationen über Nizza		
8 Un instant, S.V.P.				48
• telefonieren • nach dem Befinden fragen	◊ die Grundzahlen von 21 bis 1000 und mehr ◊ verschiedene Frageformen ◊ Präsensformen von *aller*	• wichtige Rufnummer in Frankreich • frz. *Départements* (Nummernschilder) • Informationen über Kanada	• die Nasale [ɔ̃] und [ã]	
9 A la vôtre !				54
• über sich und andere sprechen • zustimmen, etwas beurteilen • Gefallen und Missfallen äußern	◊ Präsensformen von *avoir*	• Geburtstagsfeier	• die Laute [ʒ] und [ʃ]	
Lerntipps 3				60

Kommunikative Lernziele	Grammatik	Landeskunde	Phonetik	Seite
4 A LA MAISON				61
10 On prend l'apéritif ?				62
• etwas anbieten, annehmen sich bedanken, ablehnen • anstoßen • Wünsche äußern	◊ der unbestimmte Artikel im Singular und Pural ◊ Präsensformen von *vouloir* und *prendre* ◊ die Frage mit *Qu'est-ce que* und *Est-ce que*	• Aperitif und Getränke • interkultureller Vergleich: Einladung • Wohnformen in französisch-. sprachigen Ländern		
11 Invitations				68
• etwas anbieten, annehmen, ablehnen • Einladungen aussprechen und darauf reagieren • die Wochentage	◊ Präsensformen von *venir*	• Kulturver-anstaltungen in einer frz. Stadt (Evreux)	• der Laut [i]	
12 Connaissez-vous Giverny ?				74
• nach der Farbe fragen/die Farbe angeben • biografische Daten angeben • die Wohnung beschreiben (Lage der Zimmer, Farben)	◊ die Farbadjektive ◊ Präpositionen und Adverbien des Ortes	• das Haus von Monet in Giverny • Anzeigen für Ferienwohnungen	• die Laute [s] und [z]	
Spiel : Le voyageur francophone				80
Lerntipps 4				82

ENTRACTE 1 83

1. Bilan - Bilanz der Lernziele von Lektionen 1 - 4
2. Questions - Fragewörter
3. Consignes - Arbeitsanweisungen
4. Le télégramme - Hör- und Lesetext: Telefongespräch zwischen Y. Montand und S. Signoret

AU REVOIR 86

Anhang 87

Rendez-vous d'affaires 101

Support touristique 108

Grammatikterminologie 111

Lautschrift 113

Lektionsbegleitende Grammatik 115

Verbtabelle + Verbliste 123

Französisch-deutsches Wörterverzeichnis nach Lektionen 124

Alphabetische Wortliste 139

Hörtexte 145

Lösungen 147

Partnerübungen 160

BIENVENUE

© REDFIELD & NORDICE / DURAND
à IDA RUBINSTEIN
BOLERO
MAURICE RAVEL
METROPOLITAIN
MARCEL
PAGNOL
Jean
de Florette
EURO
TUNNEL
1er CRU
1er CRU
Champagne
BATTEUX-BUSSON
BRUT
ROSÉ

BIENVENUE

Welche dieser Begriffe finden Sie in der nebenstehenden Collage wieder?
Kreuzen Sie an.

- merci ☐
- plaisir ☐
- BORDEAUX ☐
- baguette ☐
- métro ☐
- café au lait ☐
- camembert ☐
- chanson ☐
- rendez-vous ☐
- mannequin ☐
- Astérix ☐
- charme ☐
- champignon ☐

Kennen Sie noch andere französische Wörter?
Nennen Sie sie.

1 PREMIERS CONTACTS

SALUTATIONS !

a. Sehen Sie sich die Fotos an. Wie begrüßen sich die Leute? Was fällt Ihnen auf?
Regardez les photos.

b. Hören Sie nun einige Begrüßungen in verschiedenen Sprachen. Welche davon sind französisch? Kreuzen Sie an.
Ecoutez et cochez.

1. ☐ 2. ☐ 3. ☐ 4. ☐ 5. ☐ 6. ☐ 7. ☐ 8. ☐

BONJOUR !

1 **a. Hören Sie zu. Sie verstehen bestimmt mehr, als Sie glauben.**
Ecoutez la cassette ou le CD.

b. Hören Sie die Dialoge noch einmal und lesen Sie mit. In welchen stellt sich jemand vor?
Ecoutez et lisez les dialogues.

c. Lesen Sie nochmals die Dialoge. Wie begrüßen sich die Personen, wie verabschieden sie sich? Kreuzen Sie an.
Lisez les dialogues et cochez.

	Begrüßung	Abschied
Bonjour !	☐	☐
Salut !	☐	☐
Au revoir !	☐	☐
A demain !	☐	☐

d. Jetzt sind Sie dran. Begrüßen Sie Ihren Nachbarn/Ihre Nachbarin auf Französisch.

2 **Sehen Sie sich die Fotos an. Wie könnten sich diese Leute begrüßen oder verabschieden? Ergänzen Sie die Sprechblasen.**
Regardez les photos et complétez.

exercice 1, page 87

3 **a. Lesen Sie nochmals die Dialoge auf Seite 11. In welchen duzt man sich, in welchen siezt man sich? Kreuzen Sie an.**
Lisez les dialogues et cochez.

	1.	2.	3.	4.	5.
tu / Du	☐	☐	☐	☐	☐
vous / Sie	☐	☐	☐	☐	☐

b. Tragen Sie ein, wie man sich begrüßt und verabschiedet.

	Begrüßung	Abschied
tu / Du	....	....
vous / Sie	....	....

4 **a. Hören Sie nun, wie man jemanden nach dem Namen fragt und wie man sich vorstellt.**

Vous êtes... ? Qui êtes-vous ? ... et vous ?	Moi, c'est... Moi, je suis...
Tu t'appelles comment ? ... et toi ?	Je m'appelle...

b. Notieren Sie jeweils einen Ausdruck, den Sie sich merken wollen, und üben Sie ihn mit Ihrem Nachbarn/Ihrer Nachbarin.

5 **a. Ergänzen Sie die Fragen mit *tu* oder *vous*.**
Complétez les questions.

1. Excusez-moi, ... êtes madame Babot ?
2. Salut, ... t'appelles comment ?
3. Et ...., qui êtes- .... ?
4. Pardon, monsieur Daudard, c'est .... ?

b. Ergänzen Sie nun die Antworten und ordnen Sie sie den Fragen in 5 a. zu.
Complétez les réponses.

☐ a. Moi, ... Eric Denom.
☐ b. Non, ... madame Pernel.
☐ c. .... m'appelle Bertrand.
☐ d. Non, moi, ...

c. Üben Sie die Dialoge mit Ihrem Nachbarn/Ihrer Nachbarin.

6 **a. Wählen Sie einige Elemente aus und bilden Sie zwei Dialoge: einen, in dem man sich duzt, einen anderen, in dem man sich siezt.**

Je suis..., et vous ? Salut !
Vous êtes monsieur/madame/mademoiselle... ?
Au revoir ! Moi, c'est...
Et toi ? Tu t'appelles comment ? Ça va ?
Bonjour, madame ! Je suis..., et toi ?
Salut !
Et vous ? Ça va, merci.
Bonjour, monsieur/madame/mademoiselle... !

b. Duzen oder siezen Sie Ihren Nachbarn/Ihre Nachbarin?
Üben Sie den entsprechenden Dialog aus 6 a. zu zweit.

exercices 2 et 3, page 87

7 **Was sagen Sie in folgenden Situationen? Die Dialoge auf Seite 11 helfen Ihnen dabei.**

1. Sie entschuldigen sich, denn Sie sind verabredet. ....
2. Sie verabschieden sich bis zum nächsten Tag. ....
3. Sie verabschieden sich von einer Frau. ....
4. Sie fragen jemanden, wie es ihm geht. ....
5. Sie fragen ein Kind nach seinem Namen. ....

8 **Gehen Sie umher, begrüßen Sie drei Kursteilnehmer/innen und notieren Sie ihren Vor- und Zunamen.**

9 **Diesen kleinen Reim können Sie gut einzeln oder mit Ihrem Nachbarn/Ihrer Nachbarin im „Rap"-Rhythmus aufsagen. Versuchen Sie es doch mal!**

POUR LE PLAISIR

Bonjour, ça va ?
Merci, et toi ?
Merci, ça va !
Salut, Benoît !
Au revoir, Sarah !

J'ai appris

- **sich vorstellen/nach dem Namen fragen**
  Je suis... / Je m'appelle... / Moi, c'est...
  Tu t'appelles comment ? / Et toi ?
  Qui êtes-vous ? / Et vous, vous êtes... ? / ..., c'est vous ?

- **sich begrüßen/sich verabschieden**
  Bonjour ! Salut !
  Bonjour, monsieur/madame/mademoiselle !
  Salut ! Au revoir ! A demain !

- **sich nach dem Befinden erkundigen/ sich entschuldigen**
  Ça va ? / Ça va, merci.
  Excusez-moi.
  J'ai rendez-vous.

1 **a. Hören Sie das französische Alphabet. Welche Buchstaben werden anders ausgesprochen als im Deutschen? Markieren Sie sie.**
Ecoutez.

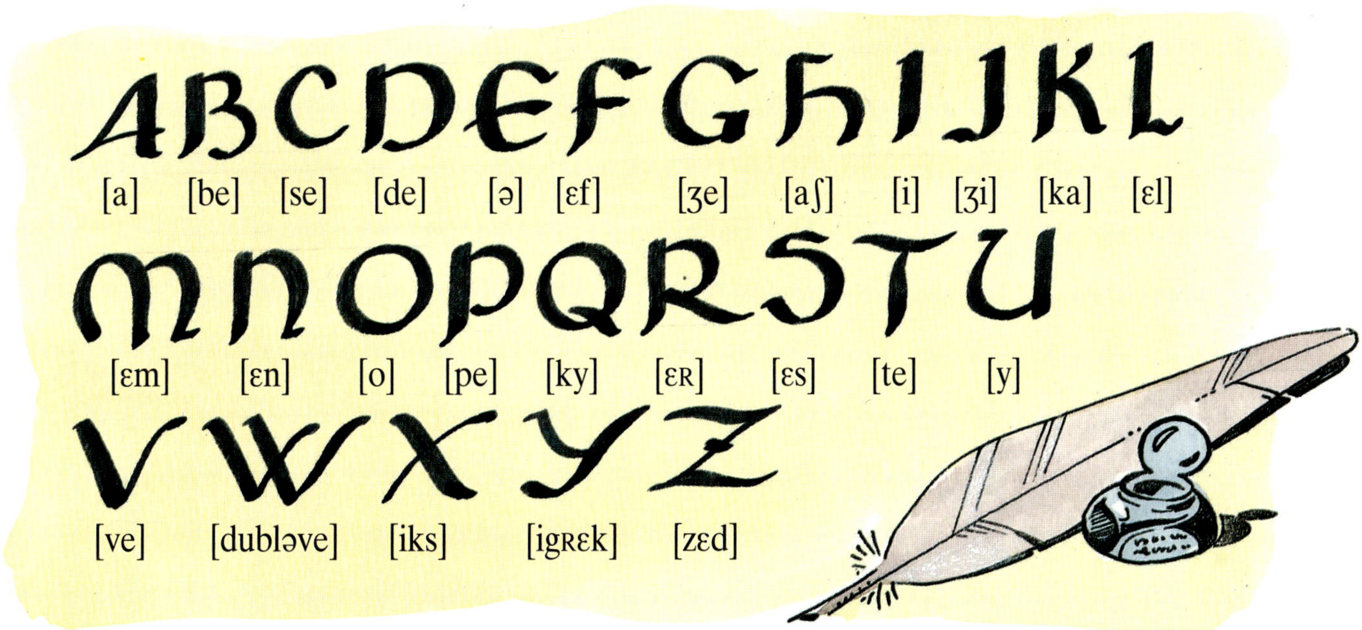

b. Hören Sie die Kassette/CD noch einmal und lesen Sie gleichzeitig das französische Alphabet.
Ecoutez la cassette ou le CD et lisez l'alphabet.

2 **a. Hören Sie zu und lesen Sie mit. Kennen sich die beiden Personen?**
Ecoutez et lisez.

- ◆ Pardon, la place est libre ?
- ○ Oui... Vous êtes...?
- ◆ Je suis Miam.
- ○ Pardon ? Vous pouvez répéter, s'il vous plaît ?
- ◆ Miam. Et vous, vous êtes l'illustrateur de Pont NeuF ?
- ○ Oui, je m'appelle Thierry Duchesne.
- ◆ Duchesne... Ça s'écrit comment ?
- ○ D - U - C - H - E - S - N - E. Duchesne.

b. Lesen Sie das Gespräch noch einmal. Wie sagen die Personen folgende Sätze auf Französisch?
Relisez le dialogue.

Ist der Platz frei?

Wie bitte?

Können Sie bitte wiederholen?

Wie wird das geschrieben?

1.2 ÇA S'ÉCRIT COMMENT ?

3 **Sie hören drei Anfragen bei der Telefonauskunft. Markieren Sie die Namen, die buchstabiert werden.**
Ecoutez.

Pasqual	Thibauld	Briand
Pascal	Thibaud	Briant

4 **a. Markieren Sie in den folgenden Wörtern die Zeichen, die für die französische Sprache typisch sind.**

hôtel　　café　　Ça va.

vous êtes　　bière　　Citroën

b. Folgende Wörter werden buchstabiert. Hören Sie die Kassette/CD und ergänzen Sie die Tabelle.
Ecoutez et complétez.

vous êtes　　Ça va.　　hôtel　　Citroën　　bière　　café

........*café*..... = e accent aigu	.... = e tréma
.... = e accent grave	.... = o accent circonflexe
.... = e accent circonflexe	.... = c cédille

c. Hören Sie zu und ergänzen Sie die fehlenden Buchstaben.
Ecoutez et complétez.

m_tro　　Fran_ois　　f_te　　h_tel

carri_re　　Ast_rix　　th_　　Lo_c

5 **Arbeiten Sie zu zweit. Partner A buchstabiert die folgenden Wörter, Partner B die Wörter auf S. 160. Jeder schreibt die Wörter auf, die ihm buchstabiert wurden. Vergleichen Sie anschließend Ihre Listen.**

1. champagne	2. ....
3.	4. lavande
5. Citroën	6. ....
7.	8. mannequin
9. théâtre	10. ....

6 **a. Nun werden die Namen aller Kursteilnehmer/innen an die Tafel geschrieben: eine Person buchstabiert, eine andere schreibt. Jeder kommt einmal dran. Achten Sie darauf, dass alle Anwesenden genannt werden.**

b. Können Sie sich vorstellen, wie Franzosen Ihren Namen aussprechen würden? Fragen Sie Ihren Kursleiter/Ihre Kursleiterin.

exercice 1, page 88

7 a. **Auch Franzosen haben manchmal Probleme mit der deutschen Aussprache. Erkennen Sie folgende Wörter wieder? Hören Sie die Kassette/CD und geben Sie die Reihenfolge an.**
Ecoutez et numérotez.

- ☐ Mercedes
- ☐ Zürich
- ☐ Romy Schneider
- ☐ Mozart
- ☐ Andersen
- ☐ Berlin
- ☐ Baden-Baden
- ☐ Gutenberg
- ☐ Hermann Hesse

b. **Können Sie nun die Regel zur französischen Betonung ergänzen?**

Im Französischen werden die Wörter im Allgemeinen auf der .... Silbe betont.

8 **Hören Sie zu und sprechen Sie nach. Notieren Sie anschließend die fehlenden Wörter. Sie kennen sie aus dem Deutschen, obwohl sie anders klingen.**
Ecoutez et répétez.

A alphabet
B ....
C clémentine
D dialogue
E éléphant
F famille
G géographie
H harmonie
I ....
J judo
K kilo
L ....
M métro
N nation
O ....
P papier
Q qualité
R république
S ....
T tulipe
U union
V ....
W wagon
X xylophone
Y yaourt
Z ....

exercice 2, page 88

9 a. **Hören Sie die folgenden Wörter und sprechen Sie mit. Welche Buchstaben(kombinationen) entsprechen den Lauten [y] wie in Tür, [o] wie in Floh und [u] wie in Kuh?**

salut bienvenue bonjour kilo

Bordeaux rendez-vous au revoir

b. In welchen Wörtern kommen die Laute [y] wie in Tür, [o] wie in Floh und [u] wie in Kuh vor?
Ordnen Sie nun die folgenden Wörter in die Tabelle ein. Einige Wörter können Sie in zwei Spalten eintragen.

amour union de Gaulle tulipe république Pompidou

bureau vous café au lait judo yaourt

 [y]	 [o]	 [u]

10 Sie können sich Vokabeln bestimmt besser merken, wenn Sie sich eine bildliche Vorstellung davon machen. Wenn Sie Lust haben, versuchen Sie es selbst, z.B. mit den Wörtern *vase, orange, baguette.*

11 Lesen Sie die Reime abwechselnd zu zweit.

POUR LE PLAISIR

A, b, c, un café
e, f, g, et un thé !
H, i, j, merci,
k, l, mademoiselle !

J'ai appris

- **das Alphabet**
- **Phonetik,** vgl. S. 113/114
  [e] = é [ɛ] = è = ê = ë
  métro bière fête Citroën
- **sich entschuldigen**
  Pardon (= excusez-moi), la place est libre ?
- **rückfragen**
  Ça s'écrit comment ?
  Vous pouvez répéter ?
  ..., s'il vous plaît.

DEUX OU QUATRE ?

1 **Hören Sie die Zahlen und tragen Sie die Ziffern ein.**
Ecoutez et écrivez.

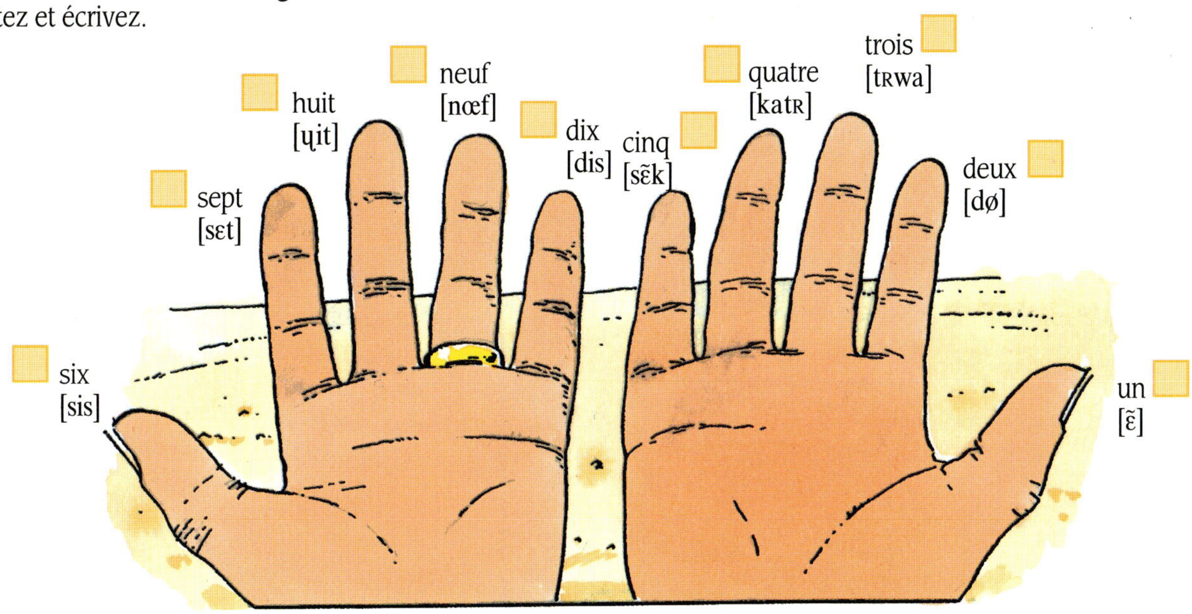

2 **Welche Zahlen sind hier versteckt?**

3 **a. Welche Zahl wird jeweils in den folgenden Sätzen genannt? Hören Sie zu und kreuzen Sie an.**
Ecoutez et cochez.

a. ☐ 8	b. ☐ 6	c. ☐ 2	d. ☐ 2
☐ 10	☐ 10	☐ 3	☐ 1
e. ☐ 9	f. ☐ 10	g. ☐ 9	h. ☐ 4
☐ 8	☐ 6	☐ 5	☐ 7

b. Hören Sie die Zahl 6 in zwei verschiedenen Sätzen. Was fällt Ihnen auf?
Ecoutez.

1. C'est le bureau numéro six.
2. Six croissants, s'il vous plaît.

exercices 1 et 2, page 89

4

a. Wie viel macht das? Ergänzen Sie die fehlenden Zahlen und hören Sie anschließend die Kassette/CD.
Ça fait combien ? Complétez, puis écoutez.

dix	[dis]	*10*
dix + ... un .... = onze	[ɔ̃z]	*11*
dix + ... = douze	[duz]	*12*
dix + ... = treize	[tʀɛz]	*13*
dix + ... = quatorze	[katɔʀz]	*14*
dix + ... = quinze	[kɛ̃z]	*15*
dix + ... = seize	[sɛz]	*16*
dix + ... = dix-sept	[dissɛt]	*17*
dix + ... = dix-huit	[dizɥit]	*18*
dix + ... = dix-neuf	[diznœf]	*19*
vingt	[vɛ̃]	*20*

b. Üben Sie die Zahlen von 11 bis 20 zu zweit: Ihr Nachbar/Ihre Nachbarin schreibt eine Zahl. Sie sprechen sie laut.

c. Welche Zahl wird jeweils genannt? Schreiben Sie sie in die Kästchen.
Ecrivez dans les cases.

a. ☐ b. ☐ c. ☐ d. ☐ e. ☐ f. ☐

5

Schauen Sie sich die Seiten 1 bis 20 in Ihrem Buch an. Auf welcher Seite ist Folgendes zu finden?

1. l'alphabet : page ....
2. Gérard Depardieu : page ....
3. la bise : page ....
4. Thierry Duchesne : page ....
5. un rap : page ....
6. Mme Denom : page ....

6

Spielen Sie in Kleingruppen. Jemand denkt sich eine Zahl zwischen 1 und 20 aus. Die anderen sollen diese Zahl erraten. Sie erhalten folgende Hinweise:
Jouez.

+ C'est plus. [sɛ plys] – C'est moins. [sɛ mwɛ̃] ☺ C'est ça.

exercice 3, page 89

7

a. Was sagt Miam? Hören Sie die Kassette/CD und lesen Sie mit.
Ecoutez la cassette ou le CD et lisez.

b. Sie kennen schon ***je suis, vous êtes*****. Tragen Sie nun die zwei Formen des neuen Verbs ein, das Miam benutzt hat.**
Ecrivez.

ÊTRE		AVOIR	
je	suis	......	....
vous	êtes	vous	....

Wenn das Verb mit einem Vokal anfängt, wird *je* zu ....

8

a. Hören Sie die Kassette/CD und kreuzen Sie an, was Sie haben.
Ecoutez la cassette ou le CD et cochez.

Vous avez... ?

Oui. ☐ Non. ☐
une maison

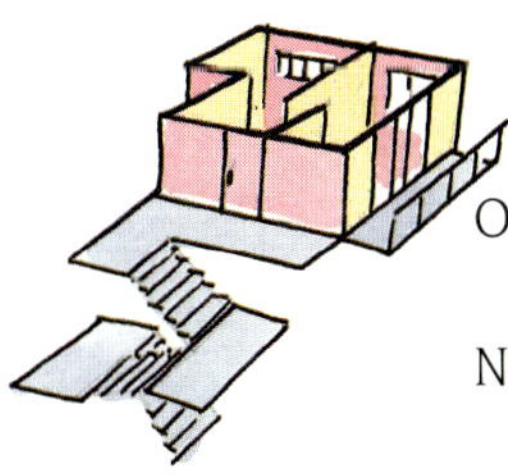
Oui. ☐ Non. ☐
un appartement

Oui. ☐ Non. ☐
une moto

Oui. ☐ Non. ☐
une voiture

Oui. ☐ Non. ☐
un chien

Oui. ☐ Non. ☐
un chat

Oui. ☐ Non. ☐
un vélo

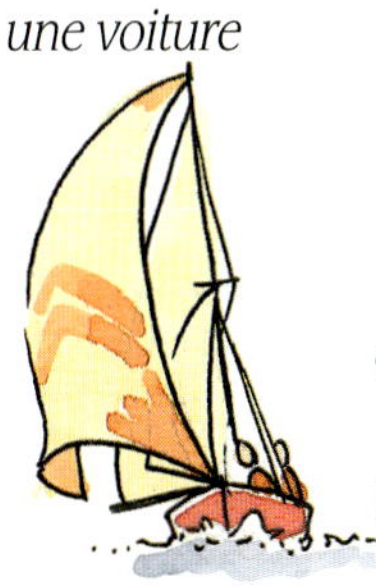
Oui. ☐ Non. ☐
un bateau

b. Sagen Sie nun Ihrem Nachbarn/Ihrer Nachbarin, was Sie haben.
J'ai...

DEUX OU QUATRE ?

9 Was sagen Sie in folgenden Situationen?

1. Sie sagen, dass Sie ein Auto haben. ....
2. Sie fragen jemanden, ob er einen Hund hat. ....
3. Sie entschuldigen sich. ....
4. Sie möchten wissen, ob der Platz frei ist. ....
5. Sie fragen, wie ein Wort geschrieben wird. ....
6. Sie begrüßen eine Frau. ....
7. Sie fragen jemanden nach seinem Namen. ....
8. Sie stellen sich vor. ....
9. Sie verabschieden sich. ....

10 Sprechen Sie nach.

POUR LE PLAISIR

Un, deux, trois,
Excusez-moi !
Quatre, cinq, six,
C'est vous, Patrice ?
Sept, huit, neuf,
Non, c'est Miam de Pont NeuF.

J'ai appris

- **die Zahlen von 0 bis 20,** vgl. S. 115

zéro [zeʀo]

un [ɛ̃]	six [sis]	onze [ɔ̃z]	seize [sɛz]
deux [dø]	sept [sɛt]	douze [duz]	dix-sept [dissɛt]
trois [tʀwa]	huit [ɥit]	treize [tʀɛz]	dix-huit [dizɥit]
quatre [katʀ]	neuf [nœf]	quatorze [katɔʀz]	dix-neuf [diznœf]
cinq [sɛ̃k]	dix [dis]	quinze [kɛ̃z]	vingt [vɛ̃]

- **über sich sprechen**
  J'ai un chien.
- **bejahen/verneinen**
  Δ Vous avez une moto ?
  – Oui. / Non.

LERNTIPPS 1

Jeder Mensch lernt anders – oder: Wie lerne ich am besten?

Eine alltägliche Erfahrung: Alle Informationen, sei es das Überkochen der Milch, die Börsenkurse in der Zeitung, die Tomatenpreise auf dem Wochenmarkt, aber auch die Regeln zur Bildung der französischen Verben, erreichen uns über die verschiedenen Sinnesorgane, die jeder von uns unterschiedlich einsetzt oder nutzt, oft, ohne dass es uns bewusst wird.

Diese individuellen Unterschiede beeinflussen auch das Lernen: Der eine prägt sich Wörter schon durchs Hören ein, während der andere die Vokabeln sehen oder schreiben muss. Je nach Vorliebe spricht man von dem **auditiven** (= Hören), dem **visuellen** (= Sehen) oder dem **motorischen** (= Handeln) Lerntyp.

Zu welchem Lerntyp gehöre ich?

Denken Sie an frühere Lernsituationen oder auch an Erfahrungen aus dem täglichen Leben:
Wann behalten Sie Inhalte/Fakten besonders gut?

Zu welchem Lerntyp gehöre ich?

Ich behalte	wenig	schon mehr	am meisten
1. ...wenn ich einen Text lese.	☐	☐	☐
2. ...wenn ich etwas höre.	☐	☐	☐
3. ...wenn ich mir Notizen mache.	☐	☐	☐
4. ...wenn ich etwas auswendig lerne.	☐	☐	☐
5. ...wenn ich die genaue Aussprache höre.	☐	☐	☐
6. ...wenn ich das Gelernte mündlich anwende.	☐	☐	☐
7. ...wenn ich etwas von der Kassette höre.	☐	☐	☐
8. ...wenn ich mir etwas ansehe (Bilder, Zeichnungen, Skizzen).	☐	☐	☐
9. ...wenn ich schriftliche Übungen mache.	☐	☐	☐
10. ...wenn mündliche Erklärungen gegeben werden.	☐	☐	☐
11. ...wenn ich mir alles genau aufschreibe.	☐	☐	☐
12. ...wenn ich eine Abbildung, einen Film oder ein Video sehe.	☐	☐	☐

LERNTIPPS 1

Auswertung:

Geben Sie sich für jedes „am wenigsten" einen Punkt, für jedes „schon mehr" 2 und für jedes „am meisten" 3 Punkte.

Addieren Sie Ihre Punkte nach dem folgenden Schema. Die höchste Punktzahl gibt Ihnen einen Hinweis, zu welchem Lerntyp Sie am meisten tendieren.

Nr. 1 ☐ Punkte
Nr. 4 ☐ Punkte
Nr. 8 ☐ Punkte
Nr.12 ☐ Punkte
....
Gesamt: ☐ Punkte

„Sehen" – der visuelle Lerntyp

Ich bin ein „Augenmensch". Alles was ich sehe, prägt sich mir leichter ein. Viele meiner Erinnerungen bestehen aus Bildern.
TIPP: Schreiben Sie viel mit, benutzen Sie Markierstifte in verschiedenen Farben, notieren Sie sich zu lernende Wörter oder Strukturen, machen Sie sich Skizzen oder Bilder.

Nr. 2 ☐ Punkte
Nr. 5 ☐ Punkte
Nr. 7 ☐ Punkte
Nr.10 ☐ Punkte
....
Gesamt: ☐ Punkte

„Hören" – der auditive Lerntyp

Mein bevorzugter Lernweg ist das Ohr. Ich behalte besonders gut, was ich höre bzw. selbst laut nachspreche. Oft kann ich mich an einen genauen Wortlaut erinnern.
TIPP: Setzen Sie zum Lernen und Wiederholen möglichst oft Hörbeispiele ein. Sprechen Sie zu lernende Vokabeln auf Kassette. Hören Sie bei französischen Liedern im Radio genauer hin.

Nr. 3 ☐ Punkte
Nr. 6 ☐ Punkte
Nr. 9 ☐ Punkte
Nr.11 ☐ Punkte
....
Gesamt: ☐ Punkte

„Handeln" – der motorische Lerntyp

Ich behalte am besten, was ich ausprobiert oder angewandt habe. Stilles Lernen und Sitzen über dem Buch liegen mir weniger.
TIPP: Bleiben Sie auch beim Lernen in Bewegung, sprechen Sie mit sich selbst, bilden Sie grundsätzlich mit neuen Vokabeln oder Strukturen eigene Beispiele. Halten Sie gute Einfälle möglichst groß schriftlich fest.

Natürlich kann dieser Test kaum mehr als eine Tendenz andeuten, da es eigentlich nur „Mischtypen" gibt. Lesen Sie deshalb alle **TIPPs** und versuchen Sie sich über die verschiedenen Fassetten Ihrer Lernpersönlichkeit klar zu werden. Das Lernen einer Fremdsprache kann eine Herausforderung sein. Testen Sie verschiedene Arbeits- und Lernmöglichkeiten und tauschen Sie Ihre Lernerfahrungen mit anderen Kursteilnehmern/innen aus. Gewöhnen Sie sich daran, die vier Fertigkeiten Hören, Lesen, Schreiben und Sprechen zu trainieren.

2

CONNAÎTRE, C'EST AIMER

VOUS CONNAISSEZ LA FRANCE ?

a. Ergänzen Sie einige Städtenamen auf der Karte.
Complétez la carte.

b. Kennen Sie noch andere Städte oder Regionen in Frankreich? Tragen Sie sie ein und vergleichen Sie mit Ihrem Nachbarn/Ihrer Nachbarin.

2.4 MOI, J'AIME...

1 **a. Hören Sie, was einige Touristen über Frankreich sagen.**
Welche der folgenden Wörter kommen darin vor? Kreuzen Sie an.
Ecoutez et cochez.

☐ la mer	☐ les gens	☐ l'architecture	☐ la culture
☐ le climat	☐ la Provence	☐ la littérature	☐ le vin
☐ les chansons	☐ la mentalité	☐ la cuisine	☐ Paris

b. Was gefällt Ihnen an Frankreich?

Moi, j'aime...

2 **a. Hören Sie nochmals einige Sätze aus dem Interview.**
Ecoutez les phrases.

"Pourquoi vous aimez la France ?"
"Nous aimons la France parce que la cuisine est délicieuse."
"J'aime aussi la mentalité des Français."

Ergänzen Sie nun die Formen von *aimer*.

AIMER

j'	....	nous	....	
tu	aimes	vous	....	
il/elle/on	aime	ils/elles	aiment	vous = Sie/Ihr

b. Vergleichen Sie Aussprache und Schreibweise. Hören Sie die Konjugation von *aimer* und unterstreichen Sie die Verbformen, die gleich klingen. Was fällt Ihnen auf?
Ecoutez.

3 **Würfeln Sie. Jede Zahl entspricht einer Verbform.**
Jouez avec les dés.

2 = tu aimes

4 = nous aimons

1 = j'aime

Le quatrième chat, Philippe Geluck, © Casterman

4 **a. Bilden Sie so viele Sätze wie möglich, indem Sie diese Elemente mit den passenden Formen von *aimer* kombinieren.**
Formez des phrases.

Le Petit Prince
Moi, j'
Vous
Ravel et Bach
Nous
Catherine Deneuve
Van Gogh
Lagerfeld et moi, nous
Edith Piaf et Patricia Kaas
Tu

AIMER

la rose
la baguette
la nature
la Belgique
Paris
la mode
le chocolat
la peinture
les chansons
la musique
la Suisse

b. In welchen Sätzen können Sie *il, elle, ils* oder *elles* anstelle der Namen verwenden?

Le Petit Prince... = Il...
Ravel et Bach... =
Catherine Deneuve... =
Edith Piaf et Patricia Kaas... =
Lagerfeld, Patricia Kaas et Catherine Deneuve... =

exercice 1, page 90

5 **a. Was gefällt den Franzosen wohl an Deutschland? Hören Sie zu. In welcher Reihenfolge werden diese Begriffe genannt?**
Ecoutez et numérotez.

En Allemagne, les Français aiment...

☐ les autoroutes

☐ la musique

☐ la charcuterie

☐ la bière

☐ les gâteaux

☐ l'industrie

☐ la propreté

b. Können Sie sich erinnern, wer im Interview über Autobahnen und wer über Torten gesprochen hat? Eine Französin oder ein Franzose? Kreuzen Sie an.
Cochez.

Qui aime les autoroutes ?	☐ une Française	☐ un Français
Qui aime les gâteaux ?	☐ une Française	☐ un Français

exercice 2, page 90

6 **a. Hören Sie und vergleichen Sie die Satzmelodie.**
Ecoutez et comparez.

En Allemagne, les Français aiment la bière ? – Oui, en Allemagne, les Français aiment la bière.
C'est français ? – Oui, oui, c'est français.
C'est allemand ? – C'est allemand.

b. Welche Kurve entspricht der Satzmelodie einer Frage: a oder b? Kreuzen Sie an.
Cochez.

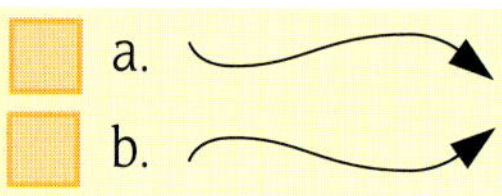

Diese Frageform heißt Intonationsfrage. Nur an der Betonung erkennt man, ob es sich um eine Frage oder eine Aussage handelt.

c. Hören Sie und üben Sie zu zweit. Sprechen Sie die Sätze der Übung 6 a. nach.

7 **a. Hören Sie und setzen Sie Punkt oder Fragezeichen.**
Ecoutez.

1. Tu aimes le chocolat suisse
2. J'aime la cuisine allemande
3. J'aime la littérature française et le cinéma
4. Vous aimez la peinture moderne
5. Elle aime la Provence
6. Tu t'appelles comment
7. Ça va
8. La place est libre
9. Ça s'écrit avec un "s"
10. Alors, à demain

b. Sprechen Sie nun alle Sätze zuerst als Fragen, dann als Aussagen.

exercice 3, page 90

8 **a. Wer mag was? Gehen Sie umher und fragen Sie die anderen Kursteilnehmer/innen, was sie mögen. Fragen Sie so lange, bis Sie jeweils mindestens eine Person gefunden haben, die mit *oui* antwortet.**

Vous aimez... / Tu aimes...

...la Bretagne ?
...le football ?
...la bière ?
...la politique ?

...Gérard Depardieu ?
...le jazz ?
...la cuisine française ?
...les gâteaux ?

b. Teilen Sie den anderen eines Ihrer Ergebnisse mit.

Wolfgang aime le football.

exercice 4, page 90

9 **Schauen Sie sich die französischen Spezialitäten auf den Fotos an. Welche davon kennen Sie? Nennen Sie Spezialitäten aus Ihrer Region/Ihrem Land auf Deutsch.**

les crêpes

le foie gras

la bouillabaisse

le Saint-Emilion

10 **a. Hören Sie zu und achten Sie auf die Aussprache** [wa] **wie in** ***voiture*** **und** [ɥi] **wie in** ***Suisse*****.**

je suis • trois • pourquoi • huit • Benoît • cuisine

b. [wa] **wie in** ***voiture*** **oder** [ɥi] **wie in** ***Suisse*****? Tragen Sie die Wörter ein.**

[wa]	[ɥi]

11 **Was sagen Sie in folgenden Situationen?**

1. Sie sagen, dass Sie die Provence mögen. ....
2. Sie sagen, dass etwas deutsch ist. ....
3. Sie fragen jemanden, ob er die französische Küche mag. ....
4. Sie fragen, warum er Frankreich mag. ....
5. Sie fragen, ob etwas deutsch ist. ....

12 **Hören Sie und lesen Sie mit. Wenn Sie Lust haben, reimen Sie weiter.**
Ecoutez et lisez.

POUR LE PLAISIR

J'aime Rennes,
Tu aimes Brême,
Elle aime le chocolat,
Nous aimons le foie gras,
Vous aimez la philosophie,
Ils aiment la charcuterie,
C'est la vie !

J'ai appris

- **die Personalpronomen (Subjekt),** vgl. S. 115
  je/j', tu, il/elle/on, nous, vous, ils/elles
- **das Verb *aimer***
  J'aime la France.
  Tu aimes les gâteaux.
  Il/Elle/On aime la musique.
  Nous aimons Patricia Kaas.
  Vous aimez les crêpes ?
  Les Allemands aiment la Bretagne.
- **die Intonationsfrage**
  C'est allemand ?

2.5 POUR LE PLAISIR

1 **a. Die Leute auf dem Gruppenfoto verwenden folgende Verben, um zu sagen, warum sie Französisch lernen. Was bedeuten diese Verben wohl?**

parler

travailler

rester jeune

voyager

b. Warum lernen diese Leute Französisch? Sehen Sie sich die Gründe an. Und Sie? Ist Ihr Motiv dabei?

J'apprends le français...

a. pour le plaisir.

b. pour les vacances.

c. pour le travail.

d. pour voyager.

e. pour aider les enfants.

f. pour rester jeune.

g. pour travailler en Afrique.

h. pour parler avec les Français.

c. Hören Sie, was die Leute sagen. In welcher Reihenfolge werden die Motive genannt?
Ecoutez.

1. d. 2. ☐ 3. ☐ 4. ☐ 5. ☐ 6. ☐ 7. ☐ 8. ☐

2 **Fragen Sie sich gegenseitig:** ***Pourquoi vous apprenez le français ?***
Ihr Kursleiter/Ihre Kursleiterin hilft Ihnen, wenn Ihr Grund noch nicht genannt wurde.
Demandez à votre voisin/e : *Pourquoi vous apprenez/tu apprends le français ?*

3 **a. Sie haben bereits einige Verben kennen gelernt: *rester, travailler, parler, voyager*. Sie werden wie *aimer* (S.26) und viele andere Verben, die auf - *er* enden, konjugiert. Ergänzen Sie die Endungen.**
Complétez.

PARLER

je	parle	nous	parlons
tu	parl......	vous	parlez
il/elle/on	parl.........	ils/elles	parl..............

Attention !
nous voyageons
Page 116

b. Wählen Sie eines der drei anderen Verben aus und schreiben Sie alle Formen auf.

4 **Würfeln Sie.**
Jouez avec les dés.

2 = tu manges

4 = nous mangeons

1 = je mange

manger
voyager
adorer
regarder
travailler
rester
parler
aider

5 **Setzen Sie die passenden Formen ein.**

1. Je (parler) .... allemand et français.
2. Nous (travailler)....................................... beaucoup.
3. Elle (aimer) .... l'Afrique.
4. Tu (rester) .... à Dresde ?
5. Nous (voyager) .... beaucoup.
6. Je (rester) .... en Allemagne.
7. Il (parler) .... avec les Français.
8. Ils (aimer) .... la baguette et le vin.

exercices 1et 2, page 91

6 **Schreiben Sie vier Sätze über sich.**
Wenn Sie über Ihren Beruf sprechen möchten, hier einige Berufsbezeichnungen.
Sollte Ihr Beruf nicht dabei sein, fragen Sie Ihren Kursleiter/Ihre Kursleiterin.

Je voyage beaucoup.

homme/femme au foyer — ingénieur — architecte
employé/e (de banque) — comptable
professeur — électricien/ne — agent d'assurances
retraité/e — secrétaire (médicale/de direction)
infirmier/infirmière — étudiant/e — informaticien/ne

7 **a. Gehen Sie in der Klasse umher und suchen Sie mindestens drei Personen, die Ihre Fragen mit *oui* beantworten.**

Vous voyagez/Tu voyages beaucoup pour le travail ?
Vous aimez/Tu aimes l'Afrique ?
Vous travaillez/Tu travailles à... ?

b. Notieren Sie Ihre Ergebnisse und berichten Sie.

Matthias voyage beaucoup pour le travail.
Inge et Thomas travaillent à Hambourg.

8 **a. Hören Sie zwei Interviews und kreuzen Sie die zutreffenden Antworten im Fragebogen an. Falls nötig, hören Sie die Kassette/CD ein zweites Mal.**
Ecoutez les deux interviews et cochez.

INTERVIEW : "VOYAGES"

Nom :		Guy Lambert	Géraldine Lefranc / Jacqueline Robin
travaille :	oui	☐	☐
	non	☐	☐
voyage pour :	le plaisir	☐	☐
	le travail	☐	☐
parle :	anglais	☐	☐
	allemand	☐	☐

b. Fassen Sie zusammen.
Résumez.

Jacqueline Robin et Géraldine Lefranc travaill.................. . Elles .... voyager.

Elles .... anglais.

M. Lambert..

....

c. Machen Sie ein ähnliches Interview mit Ihrem Nachbarn/Ihrer Nachbarin und fassen Sie die Ergebnisse wie in 8 b. zusammen.

exercice 3, page 91

9 a. Welche Wörter kann man mit dem französischen Wort *plaisir* verbinden? Falls Ihnen die Ideen ausgehen, können Sie auf Seite 8 und 9 nachschauen.

b. Teilen Sie der Gruppe mit, welche Wörter Sie mit *plaisir* assoziiert haben.

Le plaisir, c'est...

10 Was sagen Sie in folgenden Situationen?

1. Sie sagen, dass Sie Französisch lernen, um zu reisen. ....
2. Sie fragen jemanden, ob er in Leipzig arbeitet. ....
3. Sie sagen, dass Sie viel arbeiten. ....
4. Sie fragen jemanden, warum er Französisch lernt. ....
5. Sie fragen jemanden, ob er Frankreich kennt. ....

11 Sprechen Sie nach. Wenn Sie Lust haben, können Sie auch andere Reime schreiben.

POUR LE PLAISIR

J'apprends le français
Et l'anglais
Pour écrire
Et pour le plaisir...

J'ai appris

◆ **die Verben auf - *er*,** vgl. S. 116
Tu restes à la maison.
Nous mangeons beaucoup.

● **über sich und andere Personen sprechen**

- Beruf

Je parle — français. / anglais.

Tu travailles — en Allemagne. / à Hanovre. / à la maison. / au bureau.

Je suis — homme/femme au foyer. / ingénieur. / secrétaire.

- Vorlieben

J'apprends — le français pour parler avec les Français. / l'anglais.

Nous voyageons — beaucoup. / pour le travail. / pour le plaisir.

Ils aiment — l'Afrique. / la France. / les Français. / la baguette et le vin.

ON PARLE FRANÇAIS

1 **Hören Sie bei geschlossenem Buch einen Text über die französische Sprache. Nennen Sie fünf Wörter, die Sie erkannt haben. Der Kursleiter/Die Kursleiterin schreibt sie an die Tafel.**
Ecoutez.

2 **a. Hören Sie noch einmal den Text und lesen Sie mit. Gibt es noch weitere Wörter, die Sie verstehen?**
Ecoutez et lisez.

b. Suchen Sie im Text die Wörter, die zu den folgenden Bereichen passen. Schreiben Sie sie heraus und vergleichen Sie zu zweit.

Pays et villes

Gastronomie

Mode

c. Fallen Ihnen noch andere Begriffe zu den drei Bereichen ein? Sie können die Seiten 8 und 9 zu Hilfe nehmen.

exercice 1, page 92

3 **a. Lesen Sie nochmals den Text und tragen Sie zu jedem Artikel ein passendes Substantiv in die Tabelle ein.**
Lisez et complétez le tableau.

Singular		Plural
männlich	weiblich	männl. + weibl.
le *camembert*	la *quiche*	les *robes*
le	la	les ....
le	la	les ....
l'	l'	

b. Was fällt Ihnen auf? Ergänzen Sie die Regel.
Complétez la règle.

Im Französischen gibt es nur .... Geschlechter. Der bestimmte Artikel im Singular lautet männlich ...., weiblich ...., im Plural .... Bei Wörtern, die mit Vokal (a, e, i, o, u) anfangen, lautet der bestimmte Artikel .... und gilt für beide Geschlechter.

c. Wie wird der Plural der Substantive gebildet? Was fällt Ihnen bei der Aussprache auf?

4 **Hören Sie einige Sätze und kreuzen Sie an, welche Form des Substantivs Sie jeweils hören.**
Ecoutez et cochez.

1.	☐ la baguette et le vin	☐ les baguettes et les vins
2.	☐ le fromage	☐ les fromages
3.	☐ l'orange et l'ananas	☐ les oranges et les ananas
4.	☐ la bière	☐ les bières

5 **Ergänzen Sie die fehlenden Artikel *le, la, l', les* und hören Sie anschließend das Interview.**
Complétez.

- Bonjour, Thierry !
– Bonjour, Christine !
- Vous êtes .... auteur de Pont NeuF ?
– Non, je suis .... illustrateur.
- Thierry, vous aimez voyager ?
– Ah oui, beaucoup.
- Et pourquoi voyagez-vous ?
– Pour connaître .... gens du pays et découvrir .... spécialités gastronomiques.
- Vous connaissez la Belgique ?
– Oui.
- Vous aimez .... cuisine belge ?
– .... cuisine belge ? Eh bien, j'adore .... frites et .... chocolat belge.
- Et .... musique ? Vous connaissez .... chanteur belge Jacques Brel ?
– Oui, j'aime beaucoup .... chanson *Ne me quitte pas.*

6 **Übersetzen Sie.**
Traduisez.

Vous aimez la choucroute ? ....
J'aime les Français. ....
J'aime manger. ....
Roméo aime Juliette. ....
Je t'aime. ....

Welche Bedeutungen kann *aimer* im Deutschen haben?

7 **Schreiben Sie ein Wort Ihrer Wahl auf einen kleinen Zettel und sammeln Sie die Zettel ein. Jede/r zieht einen und stellt das Wort mimisch dar. Die anderen raten.**

8 **a. Welche Vorlieben haben Sie? Geben Sie fünf Beispiele.**

J'aime le chocolat.

le thé   les robes   le sport

le vin   discuter   le café

le sucre   le chocolat   l'opéra   le fromage

le jazz   le tennis   téléphoner

les costumes   l'Italie

les cravates   le théâtre   le ski

les parfums   le cinéma   les voyages   les plantes

b. Versuchen Sie wiederzugeben, was zwei oder drei andere Kursteilnehmer/innen über sich gesagt haben.

Sylvia aime le chocolat.

9 **a. Sie kennen bereits *C'est français. C'est allemand.* Erinnern Sie sich an die anderen Formen von *être* (sein)? Ergänzen Sie.**
Complétez.

ÊTRE	
je	....
tu	es
il/elle/on	est
nous	sommes
vous	....
ils/elles	....

exercices 2 et 3, page 92

b. In Frankreich sagt man eher statt *Nous sommes Français : On est Français*. Formen Sie die folgenden Sätze um.
Transformez les phrases.

Nous aimons le sport.
Nous parlons politique.
Nous sommes cousins.
Nous voyageons beaucoup.
} On...

c. Ergänzen Sie die Sätze. Manchmal gibt es mehrere Möglichkeiten.
Complétez les phrases.

1. .... es chic.
2. .... est super.
3. Pierre et moi, ... est cousins.
4. .... sommes Allemands.
5. .... sont de Bordeaux.
6. .... est une orange ou une mandarine ?
7. .... suis ingénieur chimiste.
8. .... êtes charmant.

10 Was sagen Sie in folgenden Situationen?

1. Sie sagen, dass Sie gerne reisen. ....
2. Sie sagen, dass der Platz frei ist. ....
3. Sie sagen, dass Sie die Schweiz mögen. ....
4. Sie fragen jemanden, ob er Deutsch spricht. ....
5. Sie fragen jemanden, ob er Fußball mag. ....

11 Hören Sie zu. Wie kann der Laut [k] geschrieben werden?

POUR LE PLAISIR

Je suis de Munich,
Je suis romantique,
J'aime la musique,
Et j'adore Frédéric.

J'ai appris

◆ **das Substantiv und der bestimmte Artikel,** vgl. S. 116, §1

le fromage	la quiche	l'omelette
les fromages	les quiches	les omelettes

◆ **das Verb *être*,** vgl. S. 117, §2
Je suis employé de banque.
Tu es à la maison ?
Il/Elle/On est de Berlin.
Nous sommes romantiques.
Vous êtes super.
Ils/Elles sont en France.

• **Nationalitäten angeben**
Je suis Allemand/e.
Les Allemands et les Français
Les Allemandes et les Françaises

• **Vorlieben äußern**
J'aime — le chocolat.
J'aime — voyager.

Je t'aime.

LERNTIPPS 2

1. Warum lerne ich Französisch?

Eine Frage mit vielen Antworten, vgl. S. 30.
Welche der folgenden Aussagen trifft auf Sie zu? Was fehlt Ihrer Meinung nach?
Kreuzen Sie die sechs für Sie wichtigsten Gründe an.

- ☐ Weil ich die Sprache schön finde.
- ☐ Weil ich im Kurs andere Leute kennen lernen möchte.
- ☐ Um meine Freizeit sinnvoll zu nutzen.
- ☐ Um mich auf einen Frankreichaufenthalt vorzubereiten.
- ☐ Um mit meinen Freunden in der Partnerstadt zu sprechen.
- ☐ Weil ich gerne koche und französische Rezepte lesen möchte.
- ☐ Weil ich mich geistig betätigen möchte.
- ☐ Weil ich Französisch auch beruflich benötige.
- ☐ Um ein Hotelzimmer oder eine Ferienwohnung zu reservieren.
- ☐ Um meinen Kindern bei den Hausaufgaben zu helfen.
- ☐ Weil ich oft mit französischen Gesprächspartnern telefoniere.
- ☐ Um alte Schulkenntnisse wieder aufzufrischen.

Wie Sie sehen, gibt es außer den sprachlichen Gründen auch noch andere Motive für den Besuch eines Französischkurses.

TIPP: Rufen Sie sich Ihre persönlichen Beweggründe immer wieder ins Gedächtnis, das hilft, wenn es mit dem Lernen einmal nicht so richtig klappt.

2. Was muss ich können – oder: Worauf muss ich besonders achten?

◆ Stellen Sie sich einige Situationen vor, in denen Sie Ihre Französischkenntnisse anwenden wollen, und tragen Sie diese Situationen ein.

◆ Kreuzen Sie dann die sprachlichen Fertigkeiten an, die Sie Ihrer Meinung nach zur Bewältigung dieser Situationen brauchen. Natürlich sind mehrere Kreuze für jede Situation möglich.

TIPP: Achten Sie auf die Kästchen, in denen sich die meisten Kreuze befinden. Auf diese Fertigkeiten sollten Sie sich im Unterricht, aber auch bei Ihrer Wiederholung zu Hause besonders konzentrieren.

SPRECHEN

LESEN

HÖREN

SITUATIONEN

SCHREIBEN

GRAMMATIK

WÖRTER

Lerntipps 2

3. Wie plane ich das Lernen – oder: Wann ist der beste Zeitpunkt?

Sie haben nun Informationen zu Ihrem Lerntyp. Sie sind sich über einige der Motive und Gründe im Klaren, die Sie bewegen, Französisch zu lernen. Sie kennen die wichtigsten Lern- und Arbeitsmittel. Zum Abschluss der Lerntipps dieser Lektion geht es nun um Ihre individuelle Planung für das Lernen und Wiederholen.

Faustregel 1:

◆ Der Kursbesuch allein reicht nicht aus, um erfolgreich Französisch zu lernen. Selbst wenn es anfangs so scheinen sollte – ohne regelmäßige Lern- und Wiederholungsphasen zu Hause wird es Ihnen nur schwer gelingen, das im Unterricht Gelernte wirklich dauerhaft in Ihrem Gedächtnis zu verankern. Planen Sie daher von Anfang an regelmäßige Zeiten ein, zu denen Sie sich mit dem Lernstoff beschäftigen können.

Faustregel 2:

◆ Denken Sie über Ihren Tagesablauf in der Woche bzw. am Wochenende nach. Wann bleibt Ihnen Zeit zum Lernen? Wählen Sie einen Zeitraum, der auf Dauer frei ist und ungestörtes Lernen und Wiederholen erlaubt. Günstig ist eine Tageszeit, zu der Sie sich gewöhnlich fit fühlen.

◆ Gerade beim Sprachen Lernen ist das Wiederholen besonders wichtig. Eine erste Wiederholung des neuen Stoffes geschieht in der Regel schon im Kurs. Weitere Wiederholungsphasen sollten wenn möglich ein paar Stunden nach dem Unterricht erfolgen, dann nach einem Tag bzw. einer Woche. Sobald Sie merken, dass der gelernte Stoff „sitzt", können Sie die Abstände zwischen den Wiederholungen ausdehnen.

Faustregel 3:

◆ Achten Sie beim Wiederholen darauf, spätestens nach 15 – 20 Minuten eine fünfminütige Pause einzulegen, in der Sie sich zurücklehnen, aufstehen, sich strecken oder etwas trinken.

3 COMMENT COMMUNIQUER

QUOI DE NEUF ?

Welche Kommunikationsformen sind hier dargestellt?

- ☐ le fax
- ☐ la conversation
- ☐ le téléphone
- ☐ la correspondance
- ☐ le minitel
- ☐ le télégramme
- ☐ le télex
- ☐ le courrier électronique (le mail)
- ☐ les gestes

Welche Kommunikationsformen werden immer häufiger, welche verschwinden? Stellen Sie eine Rangfolge auf.

1 a. Schauen Sie sich die vier Bilder an. Wie stellen Sie sich das Wetter an diesen Orten vor?

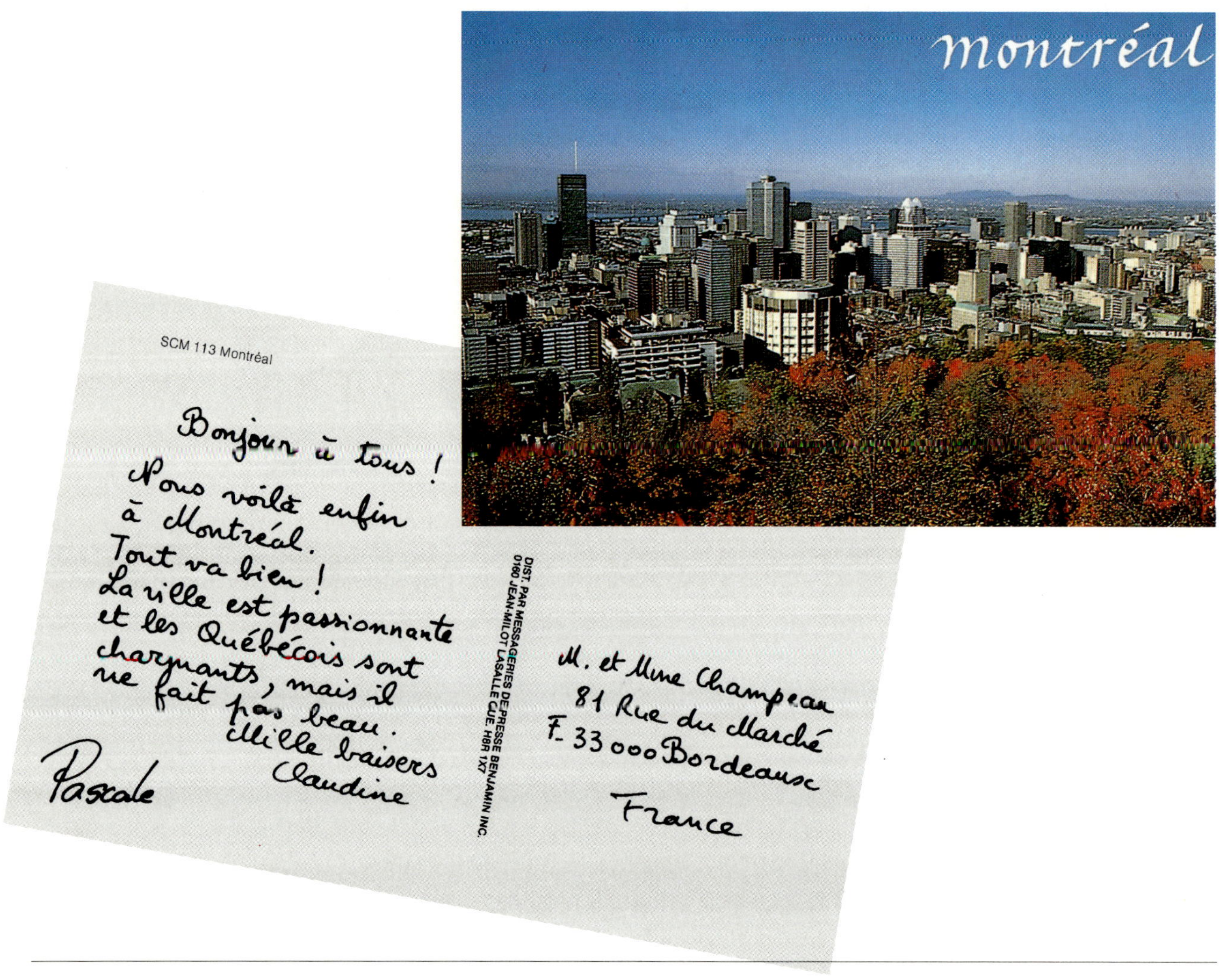

b. Lesen Sie die Postkarten und hören Sie die Texte. Wie ist das Wetter? Kreuzen Sie die jeweils zutreffende Aussage an.

Lisez les cartes postales et écoutez les textes. Puis cochez.

1. A la Réunion, il fait très chaud. ☐
   A la Réunion, il ne fait pas chaud. ☐

2. A Montréal, il fait beau. ☐
   A Montréal, il ne fait pas beau. ☐

3. A Nice, le temps est magnifique. ☐
   A Nice, il fait mauvais temps. ☐

4. A Toulouse, le temps est formidable. ☐
   A Toulouse, le temps n'est pas formidable. ☐

2 Was könnten diese Leute über das Wetter sagen?

Il fait .... Le temps n'est pas ....

3 a. Wo ist das Wetter schlecht? Sehen Sie sich noch einmal die Sätze an, die Sie in 1 b. angekreuzt haben, und ergänzen Sie die Regel.

Die französische Verneinung besteht aus .... Teilen: .... bzw. .... steht vor dem Verb, ... steht nach dem Verb.

b. Wo ist das Wetter nicht gut? Verneinen Sie die beiden Sätze.

1. A Montréal, il fait beau, mais à Toulouse, il...
2. A Nice, le temps est formidable, mais à Paris, le temps...

4 a. Wie ist das Wetter heute?
Quel temps fait-il aujourd'hui ?

Il pleut. Il neige. Il fait froid. Il fait chaud. Il fait bon. Il y a du vent. Il y a des nuages.

b. Arbeiten Sie zu zweit. A ergänzt diese Karte, B diejenige auf Seite 160. Tauschen Sie Ihre Informationen aus.

Quel temps fait-il à Paris ?

exercice 1, page 93

5 **Lesen Sie nochmals, was die Urlauber geschrieben haben und beantworten Sie die Fragen.**

1. Leila, Régis et Charlotte sont chez des amis ?
2. Claudine et Pascale sont à Ottawa ?
3. Paulette et Michel voyagent avec les enfants ?
4. Suzanne est à Toulouse pour le travail ?
5. Suzanne campe au bord de la mer ?

1. Non, ils ne sont pas chez des amis, ils sont...

6 **a. Notieren Sie die verschiedenen Anrede- und Schlussformeln, die in diesen Postkarten verwendet werden.**

Anrede	Schlussformel

b. An wen sind die Karten gerichtet? Kreuzen Sie an.
Pour qui sont les cartes ?

Cartes de	Familie	Freunde	Bekannte
la Réunion			
Montréal			
Nice			
Toulouse			

7 **a. Die Postkarten enthalten eine Reihe von Adjektiven. Ergänzen Sie die fehlenden Formen mit Hilfe der Texte von Seite 42 und 43.**

männlich	
Singular	Plural
gros	gros
charmant	....
cher	....
sympa	....
ravi	....

weiblich	
Singular	Plural
grosse	grosses
froide	....
....	chères

Vergleichen Sie: *froid/froide, charmant/charmante.*
Die weibliche Form des Adjektivs endet fast immer auf ....
Wie verändert sich dadurch die Aussprache?

b. Können Sie nun die fehlenden Formen dieser Adjektive ergänzen?

Singular		Plural	
männlich	weiblich	männlich	weiblich
petit	....	....	....
magnifique	....	....	magnifiques
chaud	....	....	....
formidable	....	....	....
passionnant	....	passionnants	....

Bei welchen Adjektiven ist im Singular die männliche und weibliche Form gleich?
Welche Endung haben sie?

8 **a. Kennen Sie Nizza? Hören Sie zu und ergänzen Sie den Text.**
Vous connaissez Nice ? Ecoutez et complétez.

Nice est une ville .... Il y a des musées .... : le musée Marc Chagall, le musée Matisse. La Promenade des Anglais est très ...., elle fait trois kilomètres de long. L'hôtel Negresco est un monument historique, mais attention, le café est très .... ! Les .... rues de la Vieille Ville sont fraîches quand il fait .... Pour le shopping, c'est .... : il y a des boutiques et des grands magasins comme les Galeries Lafayette. Visitez le marché aux fleurs et achetez un .... bouquet de mimosa pour vos amis.

b. Vergleichen Sie Ihr Ergebnis mit dem Ihres Nachbarn/Ihrer Nachbarin und hören Sie den Text noch einmal.

exercices 2 et 3, page 93

9 **a. Was trifft auf Sie zu? Markieren Sie die entsprechenden Aussagen.**

J'apprends le français pour le travail. Je suis romantique. Je voyage beaucoup.
Je suis professeur. Je suis petit/e. Je travaille dans un grand magasin.
Je mange beaucoup. Je suis optimiste. Je suis de Paris. Je parle japonais.
J'aime le mimosa. J'aime les fruits de mer*. Je suis Français/e. J'aime téléphoner.

**les fruits de mer* = Meeresfrüchte

b. Formulieren Sie die übrigen Sätze mit Hilfe der Verneinung so um, dass sie auf Sie zutreffen.

Je suis romantique. → *Je ne suis pas romantique.*

c. Üben Sie nochmals die Intonationsfrage. Stellen Sie Ihrem Nachbarn/Ihrer Nachbarin drei Fragen. Verwenden Sie dabei die Intonationsfrage.

Vous aimez/Tu aimes les fruits de mer ?

10 **Sie besuchen Paris. Schreiben Sie Ihren französischen Bekannten eine Ansichtskarte.**

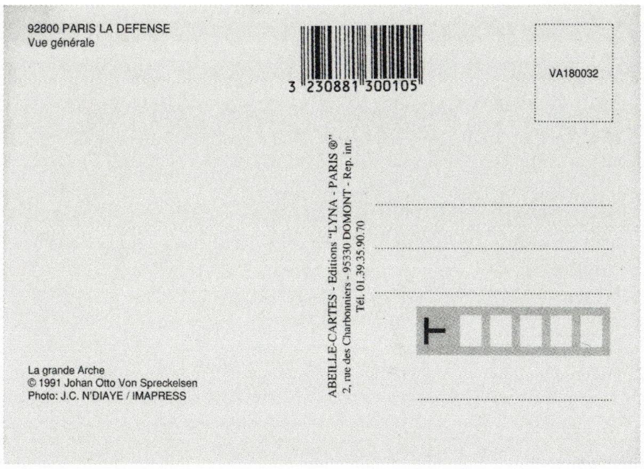

11 **Was sagen Sie in folgenden Situationen?**

1. Sie sagen, dass das Wetter schlecht ist. ....
2. Sie sagen, dass Sie gerne Bergtouren machen. ....
3. Sie sagen, dass der Kaffee sehr teuer ist. ....
4. Sie sagen, dass es nicht regnet. ....
5. Sie sagen Ihrem Freund/Ihrer Freundin, dass Sie an ihn/sie denken. ....
6. Sie fragen jemanden, ob in Toulouse schönes Wetter ist. ....
7. Sie fragen jemanden, wie das Wetter in Nizza ist. ....
8. Sie hoffen, dass es Ihrem Freund/Ihrer Freundin gut geht. Sagen Sie es ihm/ihr. ....

12 **Hören Sie zu. Wenn Sie Lust dazu haben, können Sie weiterreimen.**

POUR LE PLAISIR

Quel temps fait-il?

A Oléron,
Il fait bon.

A Perpignan,
Il y a du vent.

Il ne fait pas très chaud
A Saint-Malo.

Il pleut
A Périgueux.

A Pau,
Il fait beau.

A Calais,
Il fait mauvais.

A Canet-Plage,
Il y a des nuages.

A Ottawa,
Il fait froid.

A Barèges,
Il neige.

J'ai appris

◆ **die Verneinung,** vgl. S. 118, § 1
On **n'**aime **pas** le vent.

◆ **das Adjektiv,** vgl. S. 118, § 2
Le marché est grand. [gʀɑ̃]
La ville est grand**e**. [gʀɑ̃**d**]

Les marchés sont grand**s**. [gʀɑ̃]
Les villes sont grand**es**. [gʀɑ̃**d**]

● **über das Wetter sprechen**
– Quel temps fait-il aujourd'hui à Bordeaux ?
△ Il ne fait pas beau.
○ Le temps n'est pas formidable.

UN INSTANT, S.V.P.

1 **a. Hören Sie das Telefongespräch und kreuzen Sie an.**
Ecoutez la conversation téléphonique et cochez.

	vrai/richtig	faux/falsch
1. Claudine téléphone à son père.	☐	☐
2. Elle est à Montréal.	☐	☐
3. Il ne fait pas chaud.	☐	☐
4. Claudine demande le numéro de téléphone de Diane.	☐	☐

b. Lesen Sie nun den Text und überprüfen Sie Ihre Antworten aus a.
Lisez le texte et vérifiez.

◆ Allô ?
○ Allô, c'est Claudine.
◆ C'est qui ?
○ C'est Claudine ! Je suis à Montréal, tu me passes Maman, s'il te plaît ?
◆ Tu es au Canada ?
○ Oui ! A Montréal ! Tu me passes Maman ?
△ Allô, Claudine ? C'est toi ? Tu vas bien ? Tu es bien arrivée ? Est-ce que tu as fait bon voyage ?
○ Oui, je vais bien, mais je suis encore fatiguée.
△ Quel temps fait-il ?
○ Oh, il fait froid. La nuit, il fait moins quinze. Et vous, vous allez bien ?
△ Oui, ça va. Ne t'inquiète pas.
○ Ah, au fait, je voudrais te demander... Tu peux me donner le numéro de téléphone de Diane, à Québec ?
△ Attends un instant... Oui, ça y est : c'est le 693.22.38. Je répète : le 693.22.38. Voilà.
○ Merci. Bon, c'est cher. Je rappelle bientôt. Bonjour à Papa. Je vous embrasse.
◆ Bisous !
○ Au revoir !
△ Au revoir !

Montréal

2 **a. Wie meldet man sich am Telefon, wie verabschiedet man sich? Was sagt man in Ihrer Sprache?**

b. Suchen Sie im Text auf Seite 48 die entsprechenden französischen Ausdrücke.
Cherchez dans le texte page 48 les expressions françaises.

Wer ist dran?	Ich wiederhole.
Gibst Du mir bitte Mama?	Ich rufe bald wieder an.
Moment mal.	Grüße an...

3 **Fügen Sie die folgenden Sätze zu einem Telefongespräch zusammen und tragen Sie es zu zweit vor.**

Jacques Tupinier, vous me passez Michel, s'il vous plaît ?
Allô ?
Désolé, il n'est pas là.
Au revoir et merci.
Non, c'est Antoine Jamon.
Attendez un instant...
Allô ? C'est Michel Dupuis ?
Qui est à l'appareil ?
Bon, tant pis. Je rappelle demain.
Au revoir !

exercice 1, page 94

4

Im Französischen gibt es drei verschiedene Formen der Fragestellung.
Die Intonationsfrage kennen Sie bereits: *Vous aimez les voyages ?*
Dieselbe Frage kann man auch mit *Est-ce que*... stellen: *Est-ce que vous aimez les voyages ?*
Die dritte Möglichkeit ist die Inversionsfrage: *Aimez-vous les voyages ?*
Diese Frageform entspricht einem gehobenen Sprachniveau.

Finden Sie dazu Beispiele im Telefongespräch auf Seite 48?

5 **In Zeitungsüberschriften findet man häufig Fragen. Im Französischen wird dabei meist die Inversionsfrage verwendet. Formen Sie diese Schlagzeilen in Fragen mit *Est-ce que... ?* um.**

Aimez-vous l'art ? → Est-ce que vous aimez l'art ?

1 lire = lesen
2 Philippe Djian = zeitgenössischer französischer Schriftsteller
3 un cinéphile = Kinoliebhaber
4 le nouveau James Stewart = der neue James Stewart

1. ....
2. ....
3. ....
4. ....
5. ....
6. ....
7. ....
8. ....

6 **a. Notieren Sie drei Fragen, die Sie Ihrem Kursleiter/Ihrer Kursleiterin stellen möchten. Verwenden Sie dabei alle drei Frageformen und einige der folgenden Verben, die Sie bereits kennen.**

être • aimer • téléphoner • voyager • parler • manger • travailler

b. Stellen Sie nun die drei Fragen und notieren Sie die Antworten.
Posez les trois questions et notez les réponses.

c. Sammeln Sie in Kleingruppen die Informationen über Ihren Kursleiter/Ihre Kursleiterin und tragen Sie das Ergebnis vor.

M./Mme X aime... Il /Elle est...

7 **a. Schauen Sie sich die Zahlen von 20 bis 1000 an. Erschließen Sie die fehlenden Zahlen.**

20 ....
21 vingt et un
22 vingt-deux
30 trente
31 ....
32 trente-deux
40 quarante
41 quarante et un
42 ....

50 cinquante
51 ....
52 ....
60 soixante
70 soixante-dix
71 soixante et onze
72 soixante-douze
73 ....
80 quatre-vingts
81 quatre-vingt-un

90 quatre-vingt-dix
91 quatre-vingt-onze
92 ....
100 cent
101 cent un
200 deux cents
303 trois cent trois
624 six cent vingt-quatre
1000 mille

b. Vergleichen Sie Ihr Ergebnis mit Ihrem Nachbarn/Ihrer Nachbarin.
Comparez les résultats à deux.

c. Üben Sie die Aussprache mit Emile Pat.
Répétez.

8 **Sehen Sie sich diese Zahlenreihen an. Wie lauten die zwei jeweils folgenden Zahlen?**

a. 0 - 3 - 6 - 9 - 12 ....
b. 36 - 45 - 54 - 63 - 72 ....
c. 2 - 3 - 5 - 8 - 13 ....
d. 123 - 133 - 142 - 150 - 157 ....

9 **Wer findet zuerst die Antwort auf folgende Fragen?**

Auf welcher Seite finden Sie ...

A quelle page trouvez-vous...

un tableau de Renoir ?
une carte postale de Montréal ?
l'alphabet ?
un vin de Bordeaux ?
une moto ?
Emile Pat ?

10 **a. Stellen Sie sich vor, Sie sind in Frankreich. Welche Nummer wählen Sie,...**
C'est quel numéro en France ?

wenn Sie mitten in der Nacht einen Arzt erreichen wollen?

wenn Sie Ihren Pass verloren haben?

wenn Sie eine Telefonnummer in Frankreich suchen?

wenn Sie eine Telefonnummer in Belgien suchen?

wenn es brennt?

wenn das Telefon gestört ist?

Quelques numéros utiles

Renseignements	12
Dérangements	13
SAMU	15
Police	17
Pompiers	18
Renseignements internationaux	00. 33.12

b. Und wie lauten die wichtigen Telefonnummern in Ihrem Land?
C'est quel numéro en Allemagne ?

c. Tauschen Sie nun mit Ihrem Nachbarn/Ihrer Nachbarin Ihre Telefonnummern aus.

△ *Quel est votre/ton numéro de téléphone ?*
– *C'est le...*

11 **a. Hier sehen Sie einige französische Autokennzeichen. Die letzten beiden Ziffern geben stets das *département* an, in dem das Auto zugelassen ist. Aus welchen *départements* kommen diese Fahrzeuge? Fragen Sie sich gegenseitig nach den Namen der gesuchten *départements*. Ihr/e Partner/in findet die Lösungen auf der letzten Seite.**

A : Treize, c'est quel département ? – B : C'est...

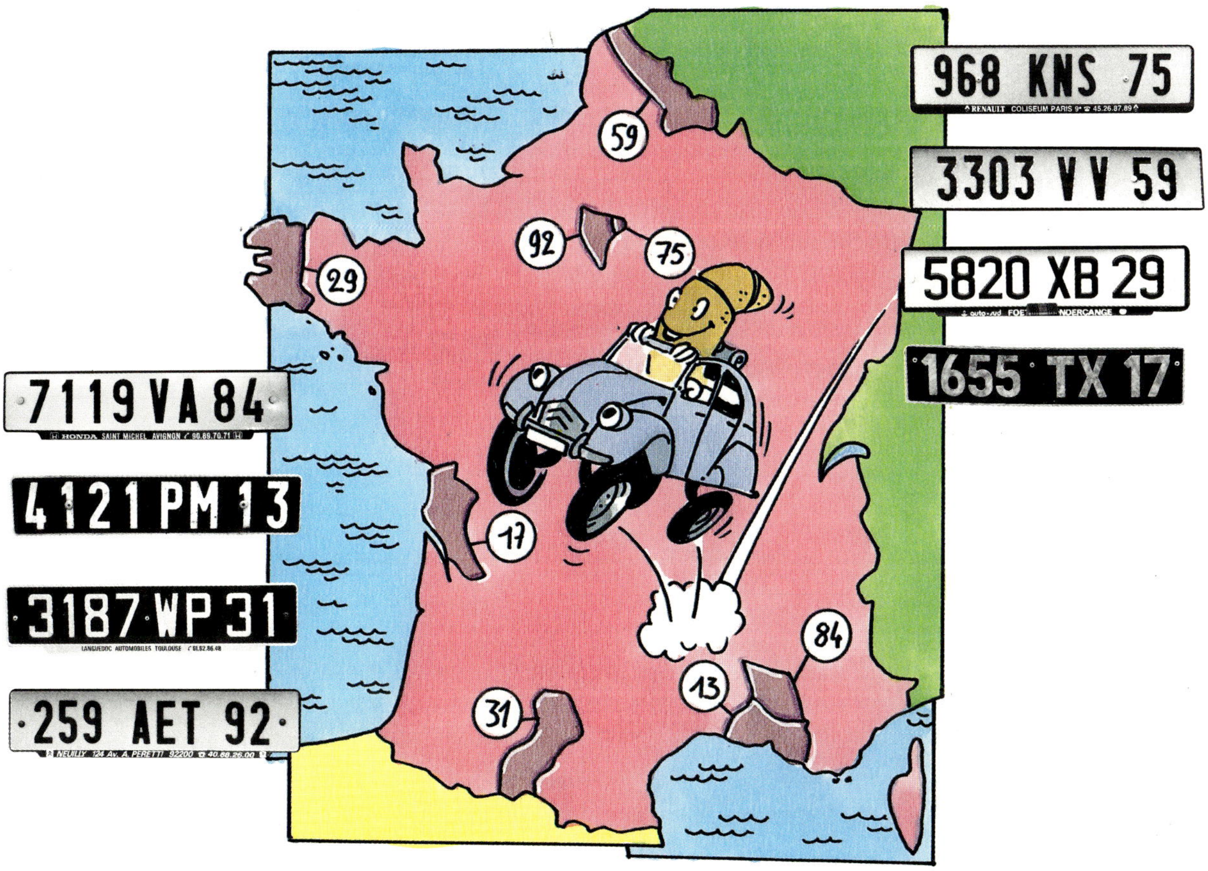

b. Kennen Sie noch andere *départements* in Frankreich? Welche?

12 **Sie hören einige Lautsprecherdurchsagen am Flughafen. Welche Flüge werden aufgerufen? Kreuzen Sie die jeweils korrekte Flugnummer an.**
Ecoutez et cochez.

1. Alitalia	☐ 111	☐ 411
2. Air France	☐ 300	☐ 200
3. Air France	☐ 417	☐ 407
4. Air Canada	☐ 325	☐ 235
5. Lufthansa	☐ 630	☐ 603
6. SAS	☐ 810	☐ 110

13 **a. Um sich zu erkundigen, wie es jemandem geht, wird das – unregelmäßige – Verb *aller* verwendet. Lesen Sie nochmals das Telefongespräch auf Seite 48 und ergänzen Sie die fehlenden Formen.**
Relisez la conversation téléphonique page 48 et complétez le verbe *aller*.

ALLER

je	vais	nous	allons
tu	....	vous	....
il/elle/on	va	ils/elles	vont

exercices 2 et 3, page 94

b. Gehen Sie umher und fragen Sie einige Kursteilnehmer/Kursteilnehmerinnen, wie es ihnen geht. Sie können die folgenden Beispiele verwenden.

Je vais bien. Comment allez-vous ? Ça va ! Très bien, merci. Et toi ?

Pas trop bien. Et vous ? Pas mal. Comment vas-tu ? Ça va ?

14 **a. Hören Sie zu und achten Sie auf die Aussprache der beiden Nasale [ɔ̃] wie in *wagon* und [ɑ̃] wie in *croissant*. Markieren Sie die Wörter mit [ɔ̃].**

le temps • charmant • bon • trente • nous allons • les pompiers

b. [ɔ̃] wie in *wagon* oder [ɑ̃] wie in *croissant*? Kreuzen Sie an.

	[ɔ̃]	[ɑ̃]
1.	☐	☐
2.	☐	☐
3.	☐	☐
4.	☐	☐
5.	☐	☐
6.	☐	☐

c. Lesen Sie sich gegenseitig die folgenden Sätze vor.

Les Français ont combien d'enfants ? Et les Allemands ?
En vacances, nous allons à Avignon, sur le pont.

15 **Was sagen Sie am Telefon in folgenden Situationen?**

1. Sie fragen Ihren Gesprächspartner/Ihre Gesprächspartnerin, wie es ihm/ihr geht. ....
2. Sie antworten, dass es Ihnen gut geht. ....
3. Sie bitten darum, Thierry zu sprechen. ....
4. Sie sagen Ihrem Gesprächspartner/Ihrer Gesprächspartnerin, dass Thierry leider nicht da ist. ....

....

5. Sie sagen, dass Sie heute abend zurückrufen. ....

16 **a. Welche Wörter aus der Lektion reimen sich auf *Rouen* und *temps*, welche auf *mont* und *bon* ? Vervollständigen Sie die Gedichte.**
Complétez les poèmes.

POUR LE PLAISIR

Un grand bonjour de Rouen !
Quel temps !
Il y a du ....
Les musées sont ....
Les gens sont ....
Grosses bises à ....

A Saint-Paul-du-Mont,
il fait bon !
Au restaurant,
nous ....
Au concert,
nous ....
Avec les gens,
nous ....
Charlotte et moi,
nous nous ....

b. Vergleichen Sie Ihre Version mit der Kassette/CD. Achten Sie dabei auf die Aussprache.
Comparez avec la cassette ou le CD.

J'ai appris

- **die Grundzahlen von 21 bis 1000**
  vgl. S. 120, §2
- **das Verb *aller***
  Je vais à la maison.
  Tu vas à Paris ?
  Il/Elle/On va à la montagne.
  Nous allons en Provence.
  Vous allez au concert ?
  Ils/Elles vont au restaurant.
- **die drei Frageformen,** vgl. S. 119, §1
  Vous aimez les voyages ?
  Est-ce que vous aimez les voyages ?
  Aimez-vous les voyages ?

- **telefonieren**
  Allô ?
  Qui est à l'appareil ?
  Vous me passez monsieur Blanchard, s'il vous plaît ?
  Attendez un instant...

  Désolé, il n'est pas là.
  Je rappelle demain.

  – Quel est votre/ton numéro de téléphone ?
  Δ C'est le...

- **nach dem Befinden fragen**
  – Tu vas bien ?
  Δ Oui, merci, et toi ?

  – Comment allez-vous ?
  Δ Bien, merci, et vous ?

  – Ça va bien ?
  Δ Oui, pas trop mal.

3.9 A LA VÔTRE !

1 **Hören Sie zu und lesen Sie mit.**
Läuft eine Geburtstagsfeier in Ihrem Land ähnlich ab oder gibt es Unterschiede?
Ecoutez et lisez. C'est comment, un anniversaire dans votre pays ?

2 **a. Über welche Themen wird bei der Geburtstagsfeier gesprochen? Kreuzen Sie an.**
Cochez.

- [ ] la musique
- [ ] le temps
- [ ] le sport
- [ ] les voyages
- [ ] la politique
- [ ] le cadeau
- [ ] le gâteau
- [ ] les enfants

b. Die Geburtstagsgäste haben folgende Ausdrücke verwendet, um ihre Meinung zu äußern. Welche davon sind positiv, welche eher negativ? Markieren Sie mit + oder –.

Très bon ! Délicieux. C'est joli. C'est horrible.

C'est vraiment gentil. Excellent. Ce n'est pas mon genre.

C'est bon pour le moral. C'est mauvais pour la santé. Ça dépend.

3 **Was könnten diese Leute antworten? Ergänzen Sie die Sprechblasen.**
Complétez.

4 Finden Sie Sätze, die zusammenpassen. Manchmal gibt es mehrere Möglichkeiten.
Trouvez des phrases qui vont ensemble.

1. C'est sympa, Nice ?
2. Tu as une belle cravate, Jean.
3. La politique, c'est passionnant !
4. Le vin, c'est mauvais pour la santé.
5. Ce vase est horrible !
6. Les frites, je trouve ça délicieux.
7. Toulouse est une ville formidable.

a. Oh non ! C'est excellent pour la santé.
b. Moi, je n'aime pas du tout ça.
c. Oui, mais j'aime mieux Nice.
d. Et toi, tu as une très jolie robe.
e. Franchement, tu exagères !
f. Ça dépend de la saison.
g. Oui, mais... cher.

5 a. Was mögen Sie sehr gern, nicht so gern, überhaupt nicht? Sagen Sie es mit Hilfe der folgenden Ausdrücke.

C'est vraiment... / très...

Je trouve ça assez... / vraiment... / très...

J'aime beaucoup... / assez...

Je n'aime pas beaucoup... / du tout...

Ce n'est pas mon genre. / vraiment pas mon genre. / pas du tout mon genre.

b. Bilden Sie Kleingruppen. Lesen Sie folgende Begriffe und sagen Sie mit Hilfe der obigen Ausdrücke, was Sie davon halten.

la politique — apprendre le japonais — le rap — le football

la mousse au chocolat — le vin — aller en Alaska — la mer

la musique classique — les robes/cravates extravagantes — la moto

....

c. Was mag Ihre Gruppe nicht/gar nicht? Gibt es andere Sachen, die Sie nicht mögen? Notieren Sie die Sätze.

6 **a. Sie kennen bereits die männliche Form des unbestimmten Artikels aus dem Satz** ***J'ai un chien.*** **Wie lautet die weibliche Form des unbestimmten Artikels? Suchen Sie sie im Text auf Seite 54 und ergänzen Sie den Satz.**
Complétez.

Oléron, c'est .... île.

b. Ergänzen Sie den Dialog mit den angegebenen Substantiven und dem passenden unbestimmten Artikel.
Complétez le dialogue.

dame *f* café *m* cravate *f* robe *f*
costume *m* thé *m* gâteau *m*

◆ .... , s'il vous plaît !

○ Et pour vous, monsieur ?

△ Pour moi, ... et ....
au chocolat.

◆ Regarde le monsieur à l'entrée. Il a ....
belle .... et .... très élégant.
Oh, il est avec .... assez extravagante.
Avec .... comme ça, on va à l'opéra !

exercice 1, page 95

7 **a. Ergänzen Sie die fehlenden Formen des Verbs** ***avoir*** **mit Hilfe des Comics auf Seite 54.**
Complétez les formes du verbe *avoir*.

AVOIR			
j'	....	nous	avons
tu	as	vous	....
il/elle/on	a	ils/elles	ont

b. Ergänzen Sie die Dialoge mit den passenden Formen des Verbs ***avoir.***
Complétez les dialogues avec les formes du verbe *avoir*.

1. △ Moi, je n'aime pas la chantilly, et toi ?
   – Tu .... raison, c'est mauvais pour la santé.

2. ○ Vous .... un cadeau pour Marc ?
   ◆ Bien sûr, nous .... une belle cravate d'Yves Saint-Laurent.

3. – Est-ce que Dominique .... une voiture ?
   ○ Mais oui, elle .... la nouvelle Twingo.

exercice 2, page 95

3.9 A LA VÔTRE !

8 **a. Finden Sie heraus, was Sie mit Ihrem Nachbarn/Ihrer Nachbarin gemeinsam haben. Fragen Sie so lange, bis Ihr Nachbar/Ihre Nachbarin Ihre Frage mit *Oui* beantwortet hat.**
Posez des questions à votre voisin/voisine.

– Vous avez/Tu as un chien ?
△ Non, j'ai un chat.

– Vous avez/Tu as une voiture allemande ?
△ Oui, j'ai une voiture allemande.

b. Tragen Sie Ihre Ergebnisse vor.

Manfred et moi, nous avons/on a une voiture allemande.

9 **a. Hätten Sie's gewusst?**

1. Welche Formen von *avoir* klingen gleich? ....
2. Welche Form ist die längste? ....
3. Welche ist die kürzeste? ....
4. Welche beginnt nicht mit einem „a"? ....
5. Welche endet mit „z"? ....
6. Welche besteht nur aus zwei Vokalen? ....

b. Bilden Sie mit jeder Form einen Satz.
Ecrivez des phrases.

10 **a. Ergänzen Sie den Text mit der passenden Form von *être* oder *avoir*.**
Complétez le texte.

M. et Mme Brisset .... en vacances avec les enfants. Ils .... dans la maison de famille en Belgique. Ils .... très beau temps mais les nuits .... fraîches. Les enfants .... ravis parce qu'ils .... des frites tous les jours.

b. Hören Sie die Kassette/CD und vergleichen Sie Ihre Ergebnisse mit Ihrem Nachbarn/Ihrer Nachbarin.
Ecoutez la cassette ou le CD et comparez avec votre voisin/e.

c. Lesen Sie nun den Text vor.
Lisez le texte.

11 **Notieren Sie sich vier Ausdrücke aus der Lektion, die Sie sich gerne merken möchten.**

12 **a. Welche Wörter enthalten ein [ʒ] wie in Journal, welche ein [ʃ] wie in Schuh? Lesen Sie die Wörter laut und ordnen Sie sie in die Tabelle ein.**

franchement • *tu exagères* • *original* • *chantilly* • *gentil* • *voyager* • *charmant* • *fromage* • *joyeux* • *chaud*

 [ʒ]	 [ʃ]

b. Überprüfen Sie Ihr Ergebnis mit Hilfe der Kassette/CD. 
Contrôlez avec la cassette ou le CD.

c. Üben Sie Ihre Aussprache, indem Sie folgende Sätze mehrmals laut lesen.
Répétez.

J'aime le chocolat chaud et la chantilly.
Manger du fromage de chèvre, ce n'est pas mon genre.

exercice 3, page 95

13 **Was sagen Sie in folgenden Situationen?**

1. Sie geben jemandem Recht. ....
2. Sie sind der Meinung, dass ein Freund/eine Freundin übertreibt. ....
3. Sie teilen mit, dass Sie dieses Wochenende nach Paris fahren. ....
4. Sie gratulieren jemandem zum Geburtstag. ....
5. Sie sagen, dass Sie große Motorräder überhaupt nicht mögen. ....

14 **Hören Sie zu. Können Sie andere Reime finden?** 

POUR LE PLAISIR

Trop manger et travailler,
C'est mauvais pour la santé.

Aller à Montréal,
C'est bon pour le moral.

J'ai appris

- **das Verb *avoir*,** vgl. S. 120, §2
  J'ai 45 ans.
  Tu as une belle voiture.
  Il/Elle/On a deux enfants.

  Nous avons des amis français.
  Vous avez une maison en Provence ?
  Ils/Elles ont un chien.
- **Gefallen und Missfallen äußern**
  J'aime beaucoup la chantilly.
  Je n'aime pas du tout le melon.
  Les cravates, c'est horrible.
  Je trouve ça vraiment original.
- **über sich sprechen**
  J'ai une voiture allemande.
  Nous avons un bel appartement.
- **zustimmen/etwas beurteilen**
  Vous avez raison.
  Franchement, tu exagères.
  C'est très gentil de votre part.

Lerntipps 3

Welche Hilfsmittel kann ich noch nutzen?

Die Grundlage Ihres Französischunterrichtes bildet Ihr Lehrwerk *Pont NeuF entrée* mit den verschiedenen Lehrwerksteilen.
Es gibt darüber hinaus weitere Hilfsmittel, die das Französischlernen begleiten können.

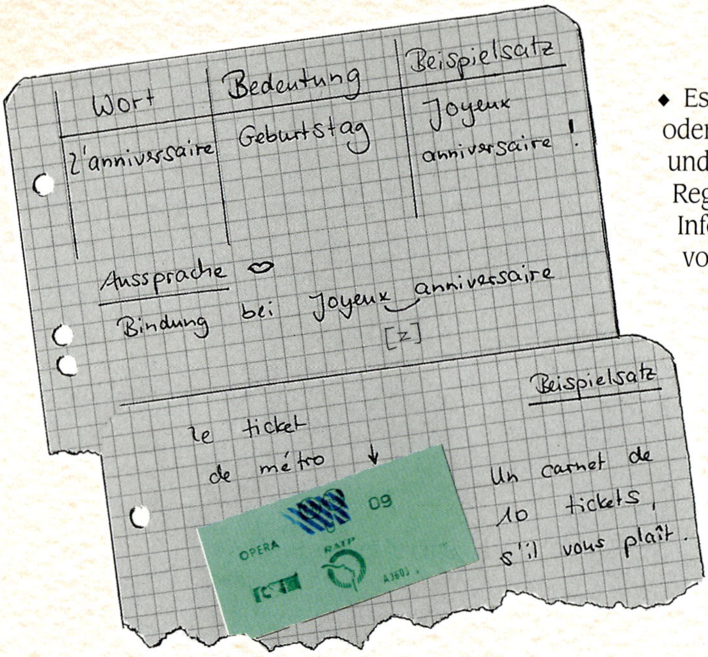

- Es ist z.B. sinnvoll, sich möglichst bald ein Arbeits- oder Vokabelheft anzulegen. Darin können Sie Wörter und deren Bedeutungen, Beispielsätze, grammatische Regeln, „Eselsbrücken", wichtige landeskundliche Informationen usw. eintragen oder auch „Mitbringsel" von einem Frankreichaufenthalt einkleben.
  Weitaus praktischer und flexibler in der Handhabung als das übliche kleine Heftchen ist ein Ringbuch mit linierten oder karierten Blättern, die Sie z.B. in drei Spalten aufteilen können. Im Gegensatz zum Heft können Sie in der Loseblattsammlung jederzeit die Reihenfolge verändern, neue Blätter einfügen oder andere herausnehmen.

- Ein zweisprachiges Wörterbuch Französisch–Deutsch / Deutsch–Französisch gehört mit zur Grundausstattung für das Lernen. Es darf nicht in Ihre Jacken- oder Hosentasche, aber gut in eine übliche Damenhandtasche passen. Anders gesagt: Es sollte mindestens 50.000 Stichwörter enthalten.

Wörterbücher sollten generell nicht älter als 10 Jahre sein, denn in früheren Ausgaben fehlen viele, gerade im täglichen Gebrauch häufig vorkommende neue Wörter. Die meisten Wörterbücher stellen die Wörter in ähnlicher Weise dar:

Lautschrift

Geschlecht des Wortes, hier: maskulin

pont [pɔ̃] *m* 1. CONSTR Brücke *f*; ~ **basculant/suspendu/routier** Klapp-/Hänge-/Straßenbrücke 2. *(vacances)* verlängertes Wochenende 3. NAUT Deck *nt* ▶ **couper les ~s avec qn/qc** den Kontakt zu jdm/etw abbrechen; **couper les ~s derrière soi** alle Brücken hinter sich *(Dat)* abbrechen

gebräuchliche **Redewendungen** mit „pont"

Abkürzung für Sachgebiete hier: *construction* = Bauwesen

Wortart hier: Adjektiv

neu [nɔı] I. *adj* 1. *(noch nicht gebraucht)* neuf (neuve); *(soeben hergestellt, gekauft)* nouveau(-velle) *antéposé* 2. *(aktuell)* récent(e); **ein ~er Artikel** un article qui vient de paraître; **die ~esten Nachrichten** les [toutes] dernières nouvelles 3. *(erneut) Anfang* nouveau(-velle) *antéposé* 4. *(frisch) Hemd* propre

die **Tilde** ersetzt das gesuchte Wort

(*aus:* PONS Kompaktwörterbuch Französisch, Stuttgart · Düsseldorf · Leipzig: Klett 1999)

TIPP: Gewöhnen Sie sich an, Wörter, die Sie interessieren oder deren Aussprache oder Schreibweise Ihnen unklar ist, nachzuschlagen.

4 A LA MAISON

CHEZ SOI

Aimez-vous ces maisons ?

Welche dieser Häuser gefallen Ihnen? Warum?

J'aime beaucoup la maison n° 4 parce qu'elle est originale.
Je n'aime pas du tout la maison n° ...

Können Sie sich vorstellen, wo diese Häuser liegen? Ordnen Sie zu.

- [ ] a. au Québec
- [ ] b. en Provence
- [ ] c. en Normandie
- [ ] d. à Paris
- [ ] e. à Tahiti
- [ ] f. en Suisse
- [ ] g. au Mali

1 b./2 c./3 f./4 a./5 d./6 g./7 e.

4.10 ON PREND L'APÉRITIF ?

1

a. Sehen Sie sich die Szene auf der Terrasse an. Was passiert Ihrer Meinung nach? Was könnten diese Personen sagen? Äußern Sie Ihre Vermutungen auf Deutsch.
Regardez la scène sur la terrasse. Faites des hypothèses en allemand.

b. Hören Sie das Gespräch. Welche Getränke werden genannt? Kreuzen Sie an.
Ecoutez la conversation et cochez.

- ☐ un cognac
- ☐ un pastis
- ☐ une bière
- ☐ un whisky
- ☐ un kir
- ☐ un jus d'orange
- ☐ un citron pressé
- ☐ une menthe à l'eau
- ☐ une eau minérale

c. Hören Sie nochmals den Text und lesen Sie mit. Welche Flasche zerbricht?
Réécoutez le texte et lisez.

○ On est bien ici !
△ Oui, il fait chaud pour la saison. Il fait combien ?
◆ Oh, il fait bien 25°, on a de la chance.
Au fait, vous ne voulez pas rester pour le dîner ?
○ On ne veut pas te déranger...
◆ Mais pas du tout ! Je fais des tomates farcies, ça vous va ?
△ C'est parfait, d'accord !
◆ Bon, alors on prend l'apéritif ?
○ Avec plaisir.
◆ Qu'est-ce que vous prenez ?
○ Qu'est-ce que tu as ?
◆ Un whisky ? Un pastis ?
○ Et quelque chose sans alcool... ?
◆ Bon, un jus d'orange ? ou une menthe à l'eau ?
○ Une menthe à l'eau, s'il te plaît.
◆ Et toi, Christophe, qu'est-ce que tu prends ?
△ Merci, non, je ne prends rien.
◆ Vraiment rien ?
△ Bon, un petit whisky alors... avec des glaçons.
...
◆ Oh zut ! Tu ne veux pas plutôt un pastis ?

2 **Zu welchen Gelegenheiten laden Sie Gäste zu sich nach Hause ein? Gibt es Unterschiede zwischen Frankreich und Ihrem Land?**

Chez nous, on invite pour...
En France, ...

le dîner

l'apéritif

le café et le digestif

un anniversaire

le café et les gâteaux

le petit-déjeuner

3 **Hören Sie folgende Sätze und ergänzen Sie in der Tabelle die Formen von *vouloir* und *prendre* mit Hilfe des Textes auf Seite 62.**
Ecoutez les phrases et complétez les verbes *vouloir* et *prendre*.

Au fait, vous ne voulez pas rester pour le dîner ?
On ne veut pas te déranger...
Qu'est-ce que vous prenez ?
Et toi, Christophe, qu'est-ce que tu prends ?

VOULOIR	
je	veux
tu	....
il/elle/on	....
nous	voulons
vous	....
ils/elles	veulent

PRENDRE	
je	....
tu	....
il/elle/on	....
nous	prenons
vous	....
ils/elles	prennent

4

a. Was trinken Sie? Bieten Sie sich gegenseitig etwas zu trinken an.
Qu'est-ce que vous prenez ? Posez des questions à votre voisin/e.

– Vous prenez/Tu prends un thé ?
◊ Non, merci. Je prends un café. Et vous, qu'est-ce que vous prenez ? / Et toi, qu'est-ce que tu prends ?

b. Berichten Sie, was Ihr Nachbar/Ihre Nachbarin gerne trinkt.
Parlez de votre voisin/e.

Anja aime le kir.

exercice 1, page 96

5

Die gute Fee erfüllt alle Wünsche. Ergänzen Sie die Sprechblasen mit den entsprechenden Formen des Verbs *vouloir*.
Complétez.

6 **Setzen Sie die passenden Verbformen ein.**
Complétez.

1. – Qu'est-ce que tu *(vouloir)* .... pour le petit-déjeuner ?
   ◊ Un café avec un croissant.

2. ∆ Les enfants *(apprendre)* .... le latin à l'école.
   • Ah bon ? Je ne *(comprendre)* .... pas pourquoi on *(apprendre)* .... encore le latin aujourd'hui. Et toi, tu *(apprendre)* .... une langue ?
   ∆ Oui, j'*(apprendre)* .... le français et l'italien.
   • Moi, j'*(apprendre)* .... l'espagnol.

3. – Vous *(vouloir)* .... un digestif ?
   ◊ Non merci.

4. ∆ Vous ne *(comprendre)* .... pas bien le français ?
   Pas de problème ! Regardez bien les Français. On *(comprendre)* .... les gestes, non ?

5. – Vous *(prendre)* .... un verre avec nous ?
   • Avec plaisir. Moi, je *(prendre)* .... un jus de fruits.
   – Et Christophe, il ne *(prendre)* .... rien ?

6. – Sophie et Alice ne *(prendre)* .... pas le bus, elles *(prendre)* .... un taxi. Et vous ?
   ◊ Nous, nous *(prendre)* .... le métro.

7. – Ils *(vouloir)* .... partir pour le week-end, mais Jacqueline ne *(vouloir)* .... pas prendre la voiture.

7 **Sie kennen bereits den unbestimmten Artikel *un/une*. Im Unterschied zum Deutschen gibt es auch eine Pluralform des unbestimmten Artikels. Suchen Sie sie im Dialog auf Seite 62.**

une tomate farcie	.... tomates farcies
un glaçon	.... glaçons

Wie übersetzen Sie diese Begriffe ins Deutsche?

exercice 2, page 96

8 **Bilden Sie Sätze zu den unterschiedlichen Ess- und Trinkgewohnheiten der Franzosen und Deutschen. Achten Sie dabei auf den unbestimmten Artikel.**

Faites des phrases.

En Allemagne, on prend souvent un dîner froid.
En France...

... croissants au petit-déjeuner.
... grand petit-déjeuner.
... apéritif avant le déjeuner ou le dîner.
... gâteaux avec le café.
... quiche au déjeuner.
... frites au dîner.
... pastis à l'apéritif.
... menthe à l'eau.
... verre de vin après le dîner.
... dessert ou un fromage.
... calvados comme digestif.

ON PREND L'APÉRITIF ?

9 **a. Die Frage mit *Est-ce que...* haben Sie bereits in Lektion 3.8 kennen gelernt. Ergänzen Sie die folgende Frage. Sie können auf Seite 62 in Übung 1 c. nachschauen.**

◊ .... vous prenez ?
– Je prends un whisky. Est-ce que tu as des glaçons ?
◊ Oui, bien sûr. / Non, désolé.

Vergleichen Sie die beiden Fragen und die Antworten. Was fällt Ihnen auf?

Wenn eine *Est-ce que*-Frage gestellt wird, lautet die Antwort .... oder .... oder sie beginnt zumindest damit.
Wird nach einem direkten Objekt gefragt, kann die Frage mit .... anfangen.

b. Stellen Sie die passenden Fragen mit *Est-ce que* oder *Qu'est-ce que*.
Posez des questions avec *Est-ce que ou Qu'est-ce que.*

1. .... – Non, je suis Française.
2. .... – Je regarde des photos.
3. .... – Non, il pleut.
4. .... – J'aime les voyages.
5. .... – Je prends un pastis.
6. .... – Oui, nous restons.

10 **Was sagen Sie, wenn Sie etwas anbieten, annehmen oder ablehnen? Ordnen Sie die Sätze den entsprechenden Kategorien zu.**
Vous proposez, vous acceptez ou vous refusez quelque chose ? Classez les phrases.

1. C'est parfait, d'accord.
2. Qu'est-ce que vous prenez ?
3. Tu ne veux pas plutôt... ?
4. Merci, je ne prends rien.
5. Une limonade ?
6. Une grenadine, s'il te plaît.
7. Vous ne voulez pas rester pour le dîner ?

refuser qch	(etw. ablehnen)
accepter qch	(etw. annehmen)
proposer qch	(etw. vorschlagen, anbieten)

11 **Ablehnen oder annehmen, es gibt immer zwei Möglichkeiten. Was könnten diese Leute fragen oder sagen? Füllen Sie die Sprechblasen aus.** Refuser ou accepter ? Complétez.

12

a. Der Bestsellerautor Peter Mayle hat sich seinen Wunsch erfüllt, in der Provence zu leben. Vervollständigen Sie den Text.
Complétez le texte.

Peter Mayle *(être)* .... Britannique. Il *(habiter)* .... en Provence, avec sa femme. Il *(raconter)* .... sa vie dans le Sud de la France, dans son livre "Une année en Provence".

Journaliste : Vous *(avoir)* .... une maison ?

P. Mayle : Oui, nous *(avoir)* .... une maison provençale typique, un "mas".

Journaliste : Est-ce que vous *(aimer)* .... les spécialités de la région ?

P. Mayle : Ah oui, nous *(adorer)* .... le fromage de chèvre, la ratatouille et l'aïoli. Nous *(prendre)* .... aussi le pastis tous les jours.

Journaliste : Vous *(vouloir)* .... rester ici pour toujours ?

P. Mayle : Oui, on ne *(vouloir)* .... plus partir. Vous *(comprendre)* .... sûrement.

Journaliste : Oui, je *(comprendre)* .... tout à fait. Vous *(avoir)* .... de la chance.

b. Überprüfen Sie zuerst Ihre Lösung mit der Kassette/CD und vergleichen Sie dann mit Ihrem Nachbarn/Ihrer Nachbarin.

exercices 3 et 4, pages 96 et 97

13

Was sagen Sie in folgenden Situationen?

1. Sie fragen einen Gast, was er zu sich nehmen möchte. ....
2. Sie bieten einen Kognak an. ....
3. Sie fragen jemanden, ob er zum Abendessen bleiben möchte. ....
4. Sie sagen höflich, dass Sie nichts trinken. ....
5. Sie sagen, dass Sie eher einen Kaffee trinken. ....
6. Sie lehnen eine Einladung ab, weil Sie verhindert/verabredet sind. ....

14

Sprechen Sie diese Sätze so flüssig wie möglich nach.
Répétez les phrases.

POUR LE PLAISIR

Un chocolat chaud au Negresco, c'est assez cher.
Un digestif après le déjeuner, et je suis gentil pour la journée !
J'aime le jus des oranges fraîches quand il fait chaud à Chamonix.
Pourquoi les chansons des chanteurs charmants sont-elles pleines de charme ?

J'ai appris

- **das Verb *vouloir*,** vgl. S. 121, §2
- **das Verb *prendre*,** vgl. S. 121, §3
- **der unbestimmte Artikel,** vgl. S. 121, §1
  Je fais **des** tomates farcies.
  Un whisky avec **des** glaçons, s'il vous plaît !

- **etwas anbieten/annehmen/ablehnen/sich bedanken**
  – Une flûte de champagne, ça vous va ?
  Δ C'est parfait, d'accord.
  – Qu'est-ce que vous prenez ? Un thé ?
  • Non, plutôt une infusion.
  – Qu'est-ce que tu prends ?
  Δ Je ne prends rien.
  – Est-ce que vous prenez un verre de vin ?
  ◊ Oui, avec plaisir. / Non merci.
- **anstoßen**
  A votre santé ! = A la vôtre !
  A ta santé ! = A la tienne !

INVITATIONS

1 **a. Hören Sie die folgende Nachricht auf dem Anrufbeantworter. Was schlägt Nicolas für das Wochenende vor?**
Ecoutez le message sur le répondeur.

Qu'est-ce que Nicolas propose pour le week-end ?

Bonjour, Isabelle. C'est Nicolas.
Dis donc, tu as des projets pour le week-end ?
Pourquoi tu ne viens pas à la maison ?
J'invite des amis pour une raclette,
samedi soir... et dimanche après-midi,
on veut visiter la maison de Claude Monet
à Giverny. Tu as envie de venir ?
Rappelle-moi à la maison.
C'est le 02.32.08.75.14. Salut !

b. Hören Sie nun Isabelles Antwort und beantworten Sie die folgenden Fragen. Nimmt sie den Vorschlag an? Wenn ja, sagen Sie, wann sie kommt.
Ecoutez la réponse d'Isabelle.

Isabelle accepte ou refuse l'invitation ?
Elle vient quand ?

Salut, Nicolas ! C'est Isabelle.
Merci pour ton invitation, c'est gentil de ta part. Je viens volontiers. Vendredi soir, ça va ? Et pour Giverny, c'est une bonne idée. J'adore Monet. Alors à vendredi ! Bises !

2

a. **Ergänzen Sie die fehlenden Wochentage in dem Kalender.**
Complétez les jours de la semaine dans l'agenda.

1ère semaine						
2 Janvier	3 Janvier	4 Janvier	5 Janvier	6 Janvier	7 Janvier	8 Janvier
Lundi	Mardi	Mercredi	Jeudi	....	....	....

b. **Tragen Sie Isabelles Pläne für das Wochenende in den Kalender ein.**
Notez les rendez-vous d'Isabelle dans l'agenda.

- aller chez Nicolas
- manger une raclette
- visiter la maison de Monet

c. **Und Sie, was haben Sie nächste Woche vor? Tragen Sie Ihre Termine in den Kalender ein.**
Notez vos projets dans l'agenda.

3

Wecken Sie den Poeten, der in Ihnen schlummert. Ergänzen Sie das Gedicht mit den folgenden Elementen.
Etes-vous poète ? Complétez le poème avec les éléments donnés.

je mange	toute la nuit
j'invite	des radis
je vais	un martini
je reste	à Tahiti
je travaille	au lit
je prends	des amis

Lundi,

Mardi,

Mercredi,

Jeudi,

Vendredi,

Samedi,

Et dimanche, je passe une
nuit blanche!

4 a. **Was machen Sie gewöhnlich an den verschiedenen Wochentagen? Ergänzen Sie die Sätze.**
Complétez les phrases.

Je reste au lit le dimanche.

1. J'ai cours de français ....
2. Je ne travaille pas ....
3. J'invite des amis ....
4. Je fais du sport ....
5. Je vais dans les grands magasins ....
6. Je reste à la maison ....
7. Les enfants vont à l'école ....
8. ...., je prends souvent un gâteau.

b. **Finden Sie heraus, was Sie mit Ihrem Nachbarn/Ihrer Nachbarin nicht gemeinsam haben.**

Moi, je fais du sport le mardi. Et vous/toi ?

5 a. **Hören Sie die Veranstaltungshinweise für den Monat Mai in Evreux, einer Stadt in der Normandie. Kreuzen Sie im Kalender die Tage an, an denen etwas los ist.**
Ecoutez et cochez.

MAI 1999

1 SAM 121-244 FÊTE DU TRAVAIL	8 SAM 128-237 VICTOIRE 1945	16 DIM 136-229 ST. HONORÉ	24 LUN 144-221 ST. DONATIEN
2 DIM 122-243 ST. BORIS	9 DIM 129-236 STE. JEANNE D'ARC	17 LUN 137-228 ST. PASCAL	25 MAR 145-220 STE. SOPHIE
3 LUN 123-242 SS JACQ./PHIL.	10 LUN 130-235 STE. SOLANGE	18 MAR 138-227 ST. ERIC	26 MER 146-219 ST. BÉRENGER
4 MAR 124-241 ST. SYLVAIN	11 MAR 131-234 STE. ESTELLE	19 MER 139-226 ST. YVES	27 JEU 147-218 ST. AUGUSTIN
5 MER 125-240 STE. JUDITH	12 MER 132-233 ST. ACHILLE	20 JEU 140-225 ST. BERNARDIN	28 VEN 148-217 ST. GERMAIN
6 JEU 126-239 STE. PRUDENCE	13 JEU 133-232 ASCENSION	21 VEN 141-224 ST. CONSTANTIN	29 SAM 149-216 ST. AYMAR
7 VEN 127-238 STE. GISÈLE	14 VEN 134-231 ST. MATTHIAS	22 SAM 142-223 ST. EMILE	30 DIM 150-215 ST. FERDINAND
	15 SAM 135-230 STE. DENISE	23 DIM 143-222 PENTECÔTE	31 LUN 151-214 VISITATION

b. **Hören Sie die Informationen noch einmal. An welchen Tagen finden die folgenden Veranstaltungen statt? Kreuzen Sie an.**
Réécoutez et cochez.

1. Musique et chants de Normandie
   - ☐ jeudi 6
   - ☐ dimanche 9
   - ☐ mercredi 12
2. Vernissage au musée d'Evreux
   - ☐ lundi 17
   - ☐ vendredi 21
   - ☐ samedi 22
3. Film de Lelouch au cinéma Galaxie
   - ☐ dimanche 9
   - ☐ mercredi 12
   - ☐ vendredi 21

6 **Suchen Sie in den Texten auf Seite 68 die fehlenden Formen von *venir.***
Cherchez les formes de *venir* dans les textes page 68 et complétez.

VENIR	
....	....
....	....
il/elle/on	vient
nous	venons
vous	venez
ils/elles	viennent

7 **a. Würfeln Sie und üben Sie die Formen des Verbs *venir* mit Ihrem Nachbarn/Ihrer Nachbarin.**

exercice 1, page 97

b. Vervollständigen Sie die Sätze mit der passenden Formen des Verbs *venir*.
Complétez les phrases avec le verbe *venir*.

– Quand est-ce que vous .... à Paris ?
• Nous ne .... pas maintenant, nos amis de Francfort .... passer le week-end chez nous.
◆ Hé, Martine, tu .... au cinéma avec moi dimanche ?
– Oui, oui, je ....
◆ Et Gilles, il .... ?
– Non, il ne .... pas.

8 **Setzen Sie die richtigen Verbformen ein und verbinden Sie anschließend die Fragen mit den passenden Antworten.**
Complétez et faites correspondre les questions et les réponses.

1. Ça *(aller)* .... ?
2. Nous *(visiter)* ....
le Musée Marmottan samedi.
Vous *(venir)* .... avec nous ?
3. Tu *(prendre)* .... un café
avec moi ?
4. Nicolas *(vouloir)* .... rester pour le week-end.
Tu *(être)* .... d'accord ?
5. Moi, j'*(adorer)* .... Monet, et toi ?

a. Oh moi, je n'*(aimer)* .... pas les
impressionnistes ! Je préfère l'art moderne.
b. Ah, c'est une bonne idée ! Isabelle
(rester) .... aussi ?
c. Non, ça ne *(aller)* .... pas du tout.
J'*(avoir)* .... la grippe.
d. Samedi ? Oui, nous *(venir)* ....
avec plaisir.
e. Non, je *(être)* .... désolée,
mais je n'*(avoir)* .... pas le temps.

exercice 2 , page 98

9 **Schlagen Sie Ihrem Nachbarn/Ihrer Nachbarin vor, am Wochenende etwas gemeinsam zu unternehmen.**
Proposez à votre voisin/e une activité pour le week-end.

Je vais à Hambourg samedi. Vous venez/Tu viens avec moi ?

aller au cinéma — jouer au tennis — aller au restaurant — faire une randonnée

passer un week-end chez des amis — prendre l'apéritif

aller à Hambourg/Nuremberg/Dresde/Francfort — ....

exercice 3, page 98

10 **a. Suchen Sie weitere Ausdrücke, um jemanden einzuladen, etwas anzunehmen oder abzulehnen oder sich bei jemandem zu bedanken. Sie können in den Texten auf Seite 68 nachschauen.**

inviter qn

- Est-ce que vous venez chez moi, ce soir ?
- Tu viens ?
-
-

remercier qn

- C'est gentil de ta/votre part.
-

accepter qch

- Nous venons avec plaisir.
- D'accord, c'est une bonne idée.
-

refuser qch

- Une autre fois, peut-être.
- Je n'ai pas le temps.
- Je suis désolé/e.
- Nous avons beaucoup de travail.

b. Bilden Sie Dreiergruppen und spielen Sie die folgende Situation: A lädt B und C ein. B nimmt die Einladung an, C lehnt sie ab.
Jouez la scène en groupe de trois : A invite B et C, B accepte, C refuse.

11 **a. Wählen Sie mit Ihrem Nachbarn/Ihrer Nachbarin einen der folgenden Sätze aus. Schreiben Sie einen Dialog, in dem dieser Satz vorkommt.**
Choisissez une des phrases avec votre voisin/e et écrivez un dialogue.

Ce n'est pas sympa de votre/ta part. — Ce n'est pas mon genre. — Je ne veux pas te déranger.

Ça ne va pas. — Je n'ai pas envie.

b. Spielen Sie den Dialog.
Jouez le dialogue.

– *Tu fais un gâteau pour le cours de français ?*
Δ *Je suis vraiment désolé mais je n'ai pas envie et puis, je n'ai pas le temps.*

12 **Der Kurs wird in zwei Gruppen geteilt. Jede/r Teilnehmer/in von Gruppe A schreibt eine kurze Einladung und gibt eine Telefonnummer für den Rückruf an. Jede/r Teilnehmer/in von Gruppe B erhält eine Einladung und teilt seine/ihre Antwort telefonisch mit.**

A : Allô !

B : Allô, ici...

exercice 4, page 98

A

13 **Was sagen Sie in folgenden Situationen?**

1. Sie bedanken sich für die Einladung und sagen, dass Sie gerne kommen.

....

2. Sie sagen Ihrem Chef/Ihrer Chefin, dass Sie sonntags nicht arbeiten wollen.

....

3. Sie bedanken sich für die Einladung und sagen, dass es eine gute Idee ist.

....

4. Sie sagen Ihrem Freund/Ihrer Freundin, dass es zwar nett gemeint sei, aber dass Sie am Samstag keine Zeit haben. ....

5. Sie lehnen höflich ab und sagen, dass Sie freitags Tennis spielen.

....

6. Sie sagen, dass Sie für das Wochenende schon etwas vorhaben.

....

14 **Hören Sie zu und lesen Sie mit. Achten Sie auf die unterschiedliche Schreibweise des Lautes** [i].

POUR LE PLAISIR

Chéri,
J'ai envie d'aller à Giverny
Samedi après-midi
Avec des amis.
Tu viens aussi ?
Allez, tu es gentil,
Tu ne restes pas au lit,
Tu me dis oui.

J'ai appris

- **das Verb *venir*,** vgl. S. 122
  Je viens chez toi lundi.
  Pascale, tu viens aussi ?
  Gilles ne vient pas.
  Nous venons en voiture.
  Vous venez avec des amis ?
  Non, les amis ne viennent pas.

- **die Wochentage**
  Aujourd'hui, lundi, il fait beau temps.
  Mardi, j'invite des amis pour une raclette.
  Mercredi, je vais au cours de français.
  Jeudi, je prends un café avec une collègue.
  Vendredi, je prépare mon week-end.

  Le samedi, je vais dans les grands magasins.
  Le dimanche, je reste au lit.

- **etwas annehmen/ablehnen**
  – Vous voulez venir chez moi samedi ?
  Δ Oui, avec plaisir. / Désolé/e, samedi, ça ne va pas.
  C'est gentil de votre/ta part. / C'est une bonne idée, mais samedi, je ne suis pas libre.

CONNAISSEZ-VOUS GIVERNY ?

1 **Lesen Sie den Text und tragen Sie die fehlenden Farben in die Palette ein.**
Lisez le texte et complétez les couleurs de la palette.

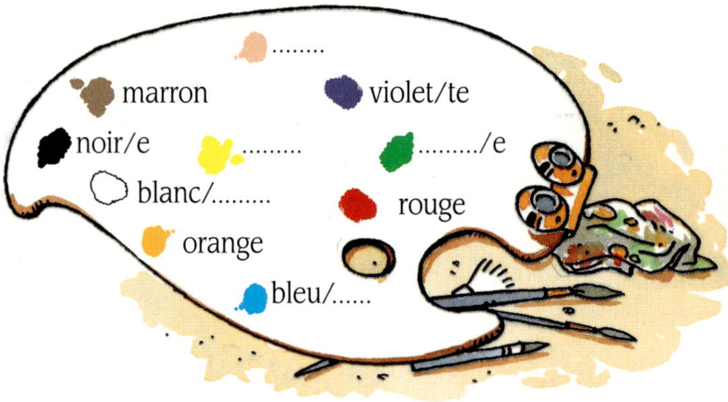

La maison de Claude Monet, le célèbre peintre impressionniste, se trouve à Giverny.
Giverny est un village entre Paris et Rouen.
Le peintre habite à Giverny avec sa famille de 1883 à 1926. Il a 43 ans quand il restaure la maison.
Le peintre est mort à Giverny à l'âge de 86 ans.

Les couleurs de la maison sont originales : la façade est rose et verte. Les couleurs du jardin, devant la maison, ressemblent à la palette d'un peintre. Peintre, mais aussi jardinier, Claude Monet adore les fleurs : dans son jardin, on trouve des roses, des iris et les célèbres nymphéas.

La maison de Claude Monet à Giverny

La salle à manger

La cuisine

Entrons dans la maison. A droite, il y a la cuisine et la salle à manger. La cuisine est bleue et blanche et la salle à manger jaune – même les chaises, les armoires et la table sont jaunes ! A gauche, il y a le salon ; à côté, l'atelier de l'artiste. Les chambres sont à l'étage.

La maison de Giverny est aujourd'hui un musée ouvert au public. Quand on visite la maison et le jardin, on retrouve l'atmosphère et les motifs des tableaux de Claude Monet.

Avez-vous envie de visiter Giverny ?

Le musée est ouvert tous les jours d'avril à octobre, sauf le lundi.

2 **Suchen Sie im Text alle Begriffe, die sich auf das Haus und auf den Garten beziehen.**
Cherchez dans le texte le vocabulaire de la maison et du jardin.

la maison 

le jardin 

3 Welche Farben finden Sie im Garten von Giverny?

Quelles couleurs trouvez-vous dans le jardin de Giverny ?

(1)	(6) le noir ....
(2)	(7) ....
(3)	(8) le blanc ....
(4)	(9) ....
(5)	(10) l'orange ....

exercice 1, page 99

4

a. Erraten Sie die Lieblingsfarbe Ihres Nachbarn/Ihrer Nachbarin. Die Antwort darf nur *oui* oder *non* lauten.

Devinez la couleur préférée de votre voisin/e.
Il/Elle répond par *oui* ou *non*.

– *Est-ce que votre/ta couleur préférée, c'est le jaune ?*
∆ *Non.*
– *Alors, c'est... ?*

b. Schauen Sie sich die Fotos auf Seite 74 und die Zeichnung von Übung 3 auf dieser Seite noch einmal an und ergänzen Sie die folgenden Sätze über das Haus von Monet.

Regardez les photos de la page 74 et le dessin de l'exercice 3, puis complétez les phrases.

Dans la salle à manger de Monet, les chaises sont .... et les vases sont ....

La table de la cuisine est ....

Les fleurs sur la table de la cuisine sont .... et ....

Dans le jardin, sur le dessin de la page 75, les iris sont ...., ..., ... et ....

exercice 2, page 99

4.12 CONNAISSEZ-VOUS GIVERNY ?

5 **Bilden Sie zwei Gruppen. Jede Gruppe beschreibt abwechselnd einen der folgenden Begriffe mit drei Adjektiven, die andere Gruppe findet heraus, worum es sich handelt.**
Gewonnen hat die Gruppe, die die meisten Begriffe erraten hat.
Die Liste mit den Adjektiven ist als Hilfe gedacht.
Formez deux groupes et devinez.

Elles sont rondes, elles sont petites, elles sont rouges. Qu'est-ce que c'est ? – Les tomates.

long/ue
gros/se
rond/e
bon/bonne pour la santé
mauvais/e pour la santé
bon/ne
chaud/e
froid/e
sucré/e
petit/e

noir/e
blanc/blanche
orange
jaune
vert/e
violet/te

la banane — le café — la chantilly — les olives *f* — la bière — les nuages *m* — le chocolat — les carottes *f* — la lavande — les oranges *f*

6 **a. Welche Farben haben die Zimmer in Ihrer Wohnung/Ihrem Haus?**
De quelle couleur sont les pièces de votre appartement/maison ?

la cuisine – la salle à manger – la salle de bains – la chambre

Chez moi, la cuisine est...

b. Hören Sie verschiedene Geräusche. Jedes passt zu einem Raum. Nummerieren Sie die Räume in der richtigen Reihenfolge.
Ecoutez et numérotez.

- ☐ la cuisine
- ☐ les toilettes
- ☐ la salle à manger
- ☐ la salle de bains
- ☐ le salon
- ☐ la chambre
- ☐ le balcon

7 **a. Können Sie die Abkürzungen dieser Anzeigen für Ferienunterkünfte entschlüsseln?**
Vous cherchez un appartement de vacances. Lisez les petites annonces.

Beau 5 pièces, salon, grande salle à manger, 3 chbres, cuisine équip., 2 W.-C., grde terrasse, jard., garage

Nice, 2 p. tout confort, beau salon, pte ch. avec balc., s. d. b. , toil. indépendantes.

Studio 33 m², cuis. indép. salle de bains neuve, tt. conf., chauffage central, 500 m mer

b. Sie wollen Ihre Wohnung verkaufen. Formulieren Sie eine Anzeige und lesen Sie sie vor. Gibt es Interessenten in Ihrer Gruppe?

8 **a. Lesen Sie den Text über das Haus von Monet und ergänzen Sie die fehlenden Begriffe in der Zeichnung.**
Lisez le texte et complétez.

... Entrons dans la maison. A droite, il y a la cuisine et la salle à manger. A gauche, il y a le salon ; à côté, l'atelier de l'artiste. Les chambres sont à l'étage. Le jardin, devant la maison, ressemble à la palette d'un peintre...

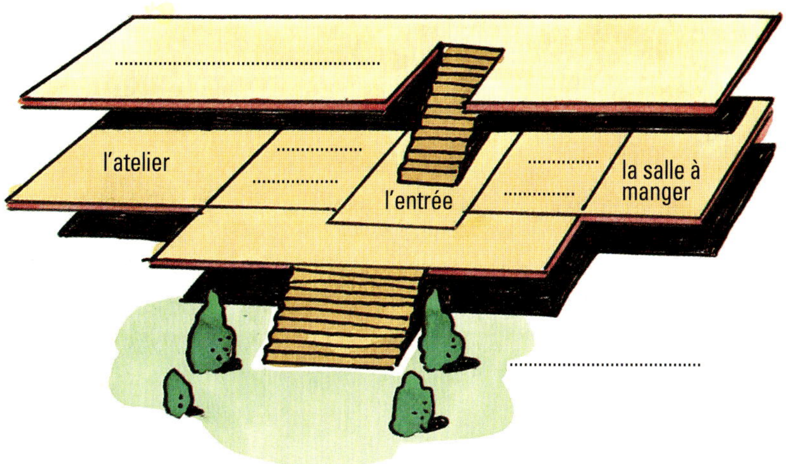

b. Suchen Sie im Text über Giverny die französischen Bezeichnungen für ***links, in, vor, daneben*** **und** ***zwischen*** **und schreiben Sie sie unter die entsprechende Zeichnung.**
Regardez et écrivez sous les dessins.

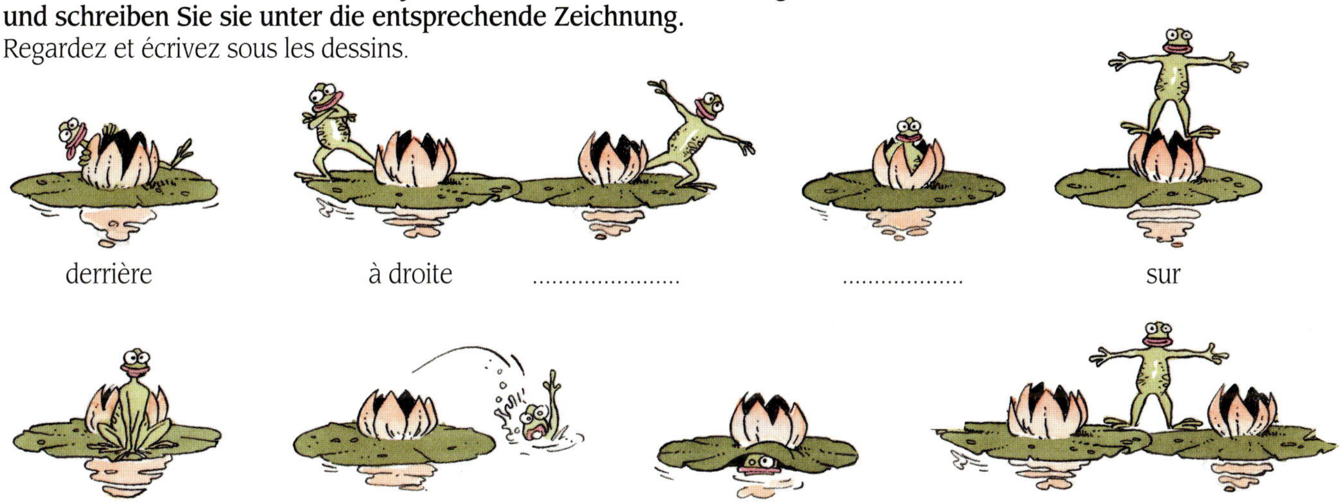

derrière — à droite — .... — .... — sur

.... — .... — sous — ....

exercice 3, page 100

9 **Fertigen Sie eine Zeichnung nach den folgenden Anweisungen an und vergleichen Sie sie anschließend mit Ihrem Nachbarn/Ihrer Nachbarin. Wie unterscheiden sich Ihre Zeichnungen voneinander?** 
Dessinez et comparez avec votre voisin/e.

Devant moi, il y a une table, à côté, une chaise.
Sur la table, il y a un verre et une tasse.
Entre le verre et la tasse, il y a un vase avec des fleurs.
A droite, il y a l'armoire.
Dans l'armoire, il y a des livres.
Le téléphone est à gauche, sur une petite table.
Et qu'est-ce qu'il y a sous la petite table?
Le fax.

10 **a. Hören Sie zu. Welcher der drei Grundrisse gehört zu der Wohnung, die der Immobilienmakler seiner Kundin zeigt?**
Ecoutez et trouvez l'appartement.

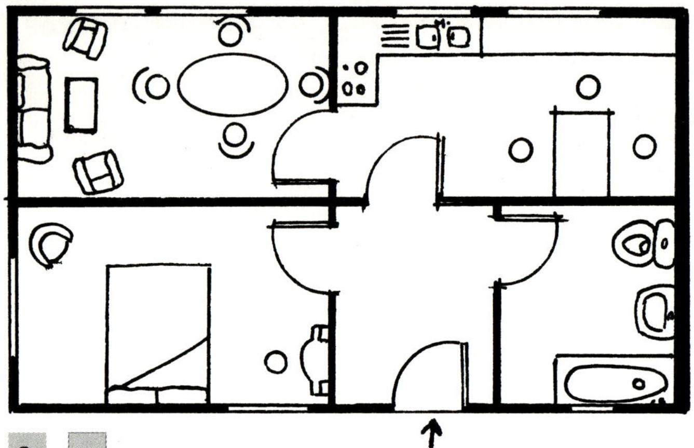

a

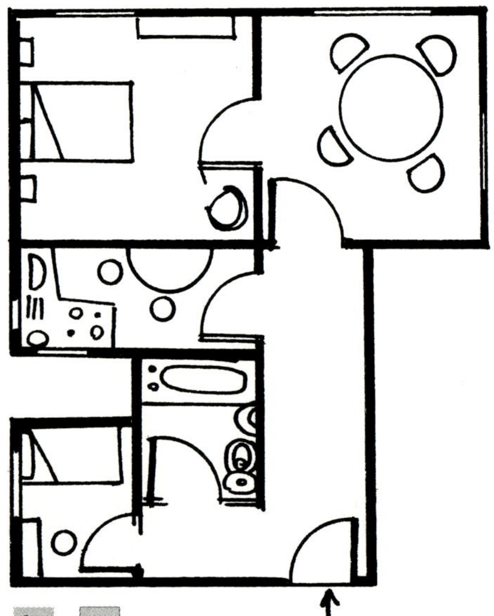

b

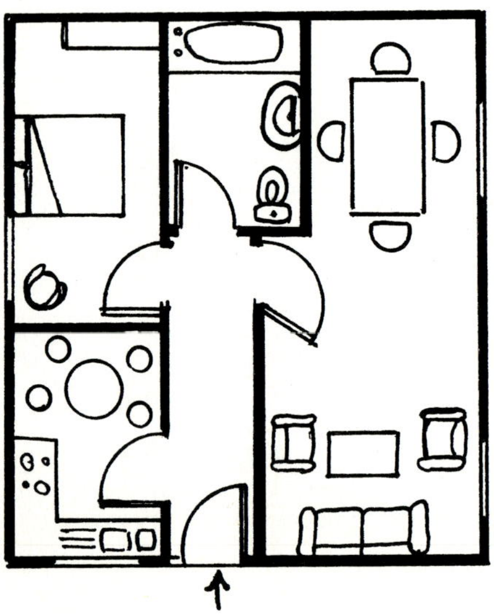

c

b. Stellen Sie einer Person aus Ihrem Kurs Fragen über ihre Wohnung/ihr Haus. Notieren Sie die Antworten.
Posez des questions et écrivez les réponses.

- *Où est la cuisine chez vous/toi ?*
- *Où est le salon ?*
- *Où est la chambre ? / Où sont les chambres ?*
- *Est-ce qu'il y a un jardin devant la maison ?*
- *Qui habite à côté ?*

c. Berichten Sie, was Sie erfahren haben.
Qu'est-ce que vous avez appris sur l'appartement/la maison de votre voisin/e ?

Chez Monika, la cuisine est à gauche, le salon est...

11 **Skizzieren Sie Ihre eigene Wohnung/Ihr Haus und erklären Sie Ihrem Nachbarn/Ihrer Nachbarin die einzelnen Räume.**
Faites le plan de votre appartement/maison et expliquez à votre voisin/e.

12 **a. Hören Sie die Kassette/CD. Es geht um die Laute [s] wie in Tasse und [z] wie in Vase. Markieren Sie den Laut [s] wie in Tasse.**
Ecoutez la cassette ou le CD.

façade • salon • musée
sauf • cuisine • salle à manger
maison • célèbre • rose
visiter • iris • impressionniste

b. Welche der Wörter, die Sie gehört haben, enthalten ein [s] wie in Tasse, welche ein [z] wie in Vase?
Quels mots ont un [s] comme *tasse* et un [z] comme *vase* ?

[s]

[z]

c. Hören Sie die Kassette/CD und achten Sie auf die Aussprache. Sprechen Sie die Sätze anschließend nach.
Ecoutez la cassette ou le CD et répétez les phrases.

1. Elle mange une orange et un croissant.
2. Pour voyager, je prends souvent le TGV.
3. Je ne veux pas vous déranger.
4. Vous avez de la chance, l'appartement n'est pas cher.
5. J'ai une chambre côté jardin et une jolie cuisine.
6. Tu as des projets pour dimanche ?
7. J'aime les pièces blanches.
8. Le samedi soir, je n'aime pas rester à la maison.

13 **Was sagen Sie in folgenden Situationen?**

1. Sie erkundigen sich, wie das Wetter in Giverny ist. ....
2. Sie fragen, welche Farbe das Haus von Monet hat. ....
3. Sie fragen jemanden, ob er Lust hat, mit Ihnen das Haus von Monet zu besichtigen. ....
....
4. Sie sagen, dass Maryse im Wohnzimmer ist. ....
5. Sie sagen, dass das Schlafzimmer sich in der oberen Etage befindet. ....

14 **Hören Sie die Kassette/CD und lesen Sie mit.**
Ecoutez la cassette ou le CD et lisez.

POUR LE PLAISIR

L'appartement blanc
Les toilettes violettes
Le salon marron
L'armoire noire
Entrez, c'est ouvert.

J'ai appris

- **die Farbadjektive,** vgl. S. 122, §1
- **die Präpositionen und Adverbien des Ortes,** vgl. S. 122, § 2

  Dans la cuisine, il y a une petit table.
  Sur la table, il y a un vase avec des fleurs.
  Derrière la cuisine, il y a la chambre.
  La salle de bains est **à côté**, **entre** la cuisine **et** la chambre.
  Regardez **sous** l'armoire, **à droite** et **à gauche**.
  Devant la maison, il y a un grand jardin.

- **nach der Farbe fragen/die Farbe angeben**
  ∆ **De quelle couleur est** ta voiture ?
  – Elle est verte.
  ∆ **Quelle est ta couleur** préférée ?
  – C'est le jaune.
- **biographische Daten angeben**
  Monet habite à Giverny **de** 1883 **à** 1926.
  Il est mort à Giverny.

Le voyageur francophone

Spielen Sie zu zweit
Le voyageur francophone.

Dazu braucht jede/r eine Münze.
Kopf *(face)* bedeutet
„zwei Felder vorrücken",
Zahl *(pile)* „ein Feld zurück".
Um starten zu können, muss
die Münze die Kopfseite zeigen.
Wer auf ein Feld mit einer Zahl kommt,
muss die entsprechende Aufgabe lösen.
Gewonnen hat, wer als Erste/r alle Länder der
Francophonie bereist hat.
Ausgangspunkt ist Québec, Endpunkt Frankreich.

1 Décrivez la maison où vous êtes.
2 Où est l'arbre du voyageur ?
3 Invitez votre partenaire à venir dîner chez vous.
4 Conjuguez le verbe *vouloir.*
5 Proposez un verre de vin de palme à votre partenaire.
6 "Vous prenez un thé à la menthe ?" Répondez.
7 Quel temps fait-il ?
8 Quel jour sommes-nous ?
9 Pause. Il fait trop chaud. Attendez un tour.
10 Refusez un verre de vin blanc.
11 Conjuguez le verbe *venir.*
12 Quelles sont les couleurs du drapeau français ?

7 La Réunion
8 Nouvelle-Calédonie
9 Tahiti

LERNTIPPS 4

Vocabulaire

„Ich kann mir keine Vokabeln merken." Sicherlich stellen auch Sie dies manchmal seufzend fest.
Wir möchten Ihnen hier zwei Tipps geben.

Erster Tipp: die Vokabel-Landkarte
Wählen Sie ein Wort als Ausgangspunkt aus. Um dieses Wort im Zentrum herum notieren Sie kreis- oder sternförmig alle französischen Wörter, die Ihnen zu diesem Begriff spontan einfallen. Mit einem zweiten Begriff verfahren Sie genauso. Versuchen Sie dabei, einen thematischen Zusammenhang herzustellen, so dass schließlich Ihr persönliches Wortnetz entsteht.

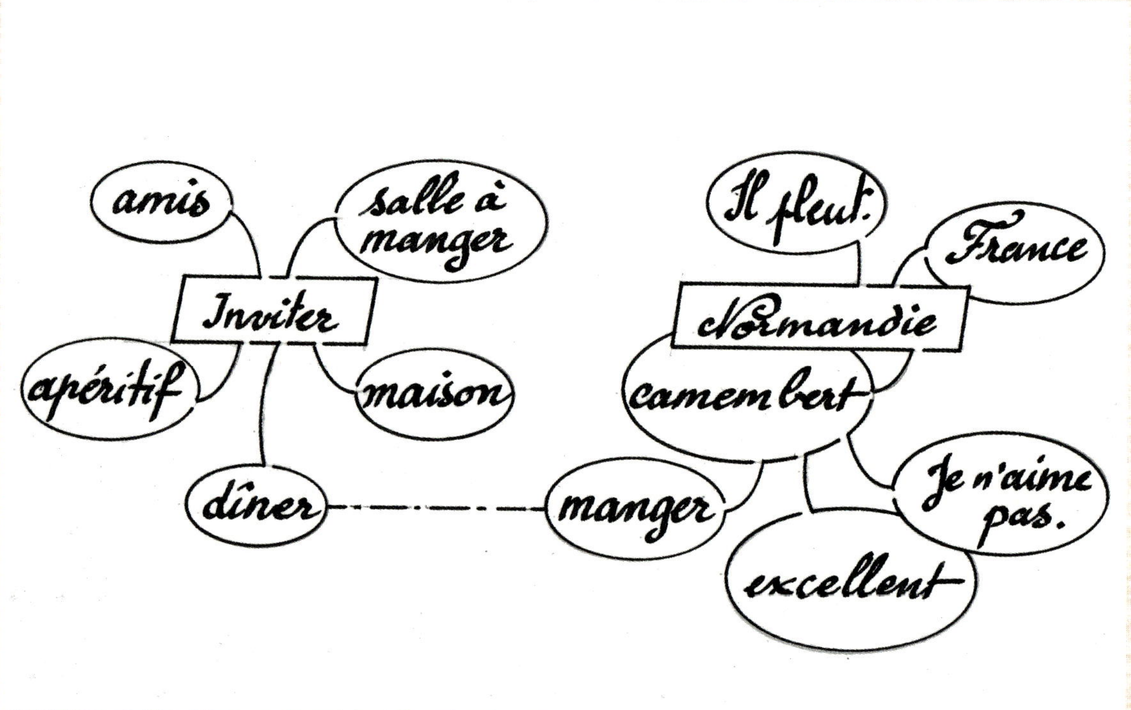

Die Vokabel-Landkarte wird um so komplexer und interessanter, je mehr Fortschritte Sie gemacht haben. Sie können sie immer wieder ergänzen. Versuchen Sie es doch einmal.

Zweiter Tipp: die Lernkartei
Auch künftig werden Sie manches wieder vergessen. Zum schnellen und wirkungsvollen Wiederholen bietet sich eine Lernkartei an, die Sie selbst nach Ihren Bedürfnissen gestalten können.
Nutzen Sie die Möglichkeiten von verschiedenfarbigen Karteikarten, z.B. blau für Verben, gelb für Adjektive usw. Oder gliedern Sie die Kartei nach Situationen, z.B. jemanden einladen, telefonieren, jemanden begrüßen usw.

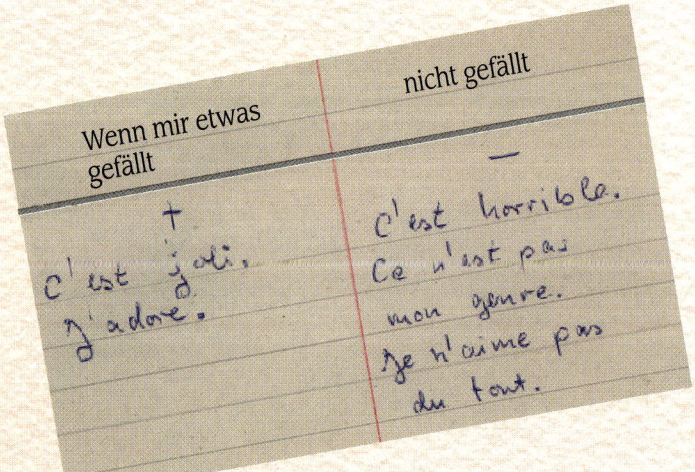

ENTRACTE 1

1. Bilan

Sie haben nun schon eine ganze Menge Französisch gelernt. Hier haben Sie Gelegenheit, Zwischenbilanz zu ziehen. Ordnen Sie die französischen Ausdrücke den deutschen Lernzielen zu und tragen Sie die entsprechenden Zahlen ein.

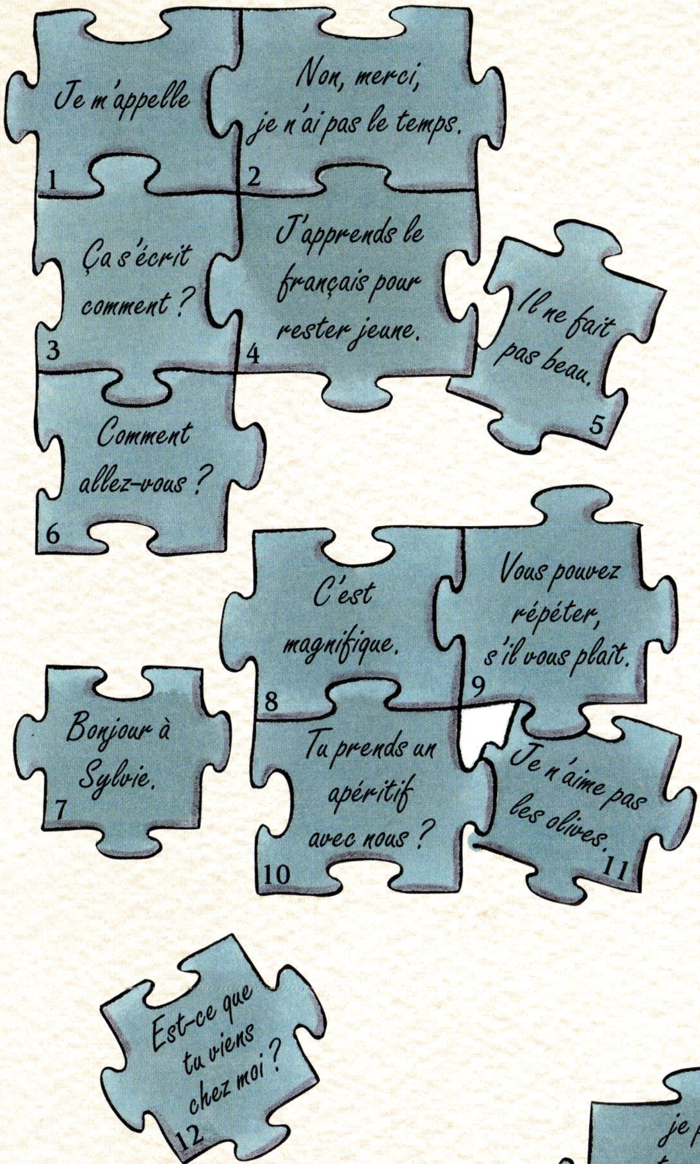

Sie haben u.a. gelernt:

- ☐ sich vorzustellen
- ☐ zu fragen, wie man ein Wort schreibt
- ☐ nachzufragen, wenn Sie etwas nicht verstanden haben
- ☐ zu sagen, warum Sie Französisch lernen
- ☐ zu sagen, was Sie nicht mögen
- ☐ nach dem Befinden von jemandem zu fragen
- ☐ über das Wetter zu sprechen
- ☐ jemanden einzuladen
- ☐ etwas positiv zu beurteilen
- ☐ wie man jemandem Grüße ausrichten lässt
- ☐ wie man etwas zu trinken anbietet
- ☐ wie man etwas ablehnt

Was Sie außerdem gelernt haben:

- ☐ die Formen der Verben auf -er
- ☐ die Formen der unregelmäßigen Verben: *avoir, être, vouloir, aller, venir* und *prendre*
- ☐ den bestimmten und unbestimmten Artikel
- ☐ die Formen der Adjektive
- ☐ die Verneinung
- ☐ die Formen der Fragestellung
- ☐ einige Ortsangaben
- ☐ die Zahlen von 1 bis 2000

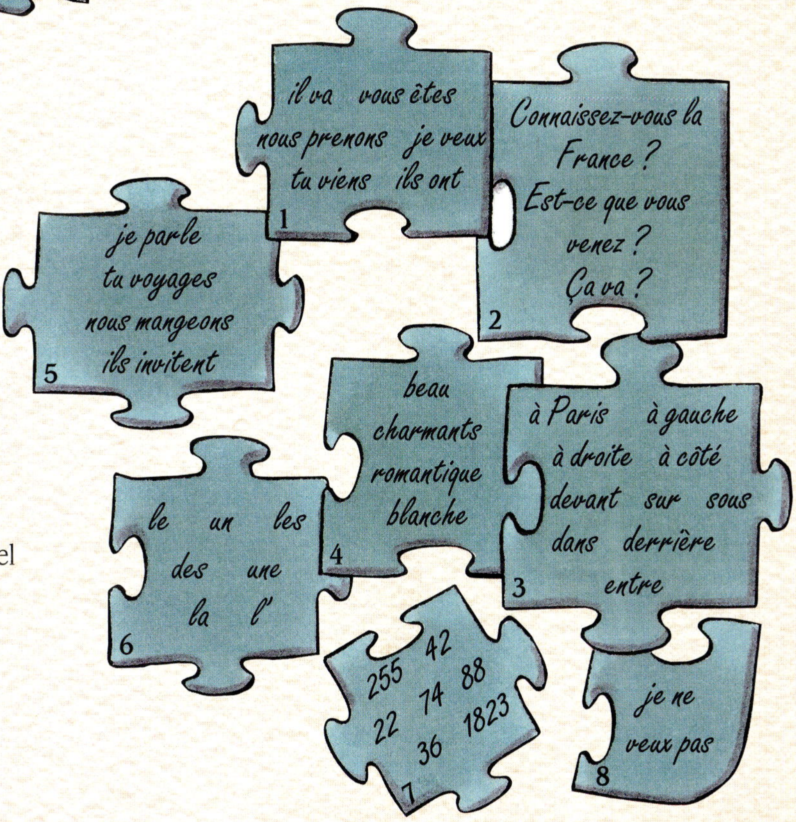

2. Questions

Sie kennen schon einige französische Fragewörter. Ordnen Sie sie den deutschen zu.

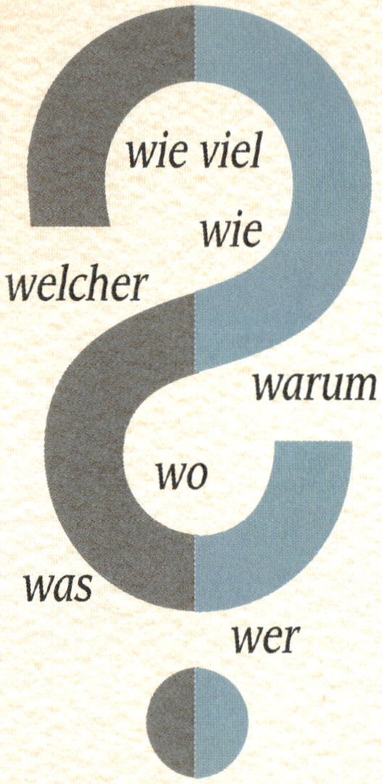

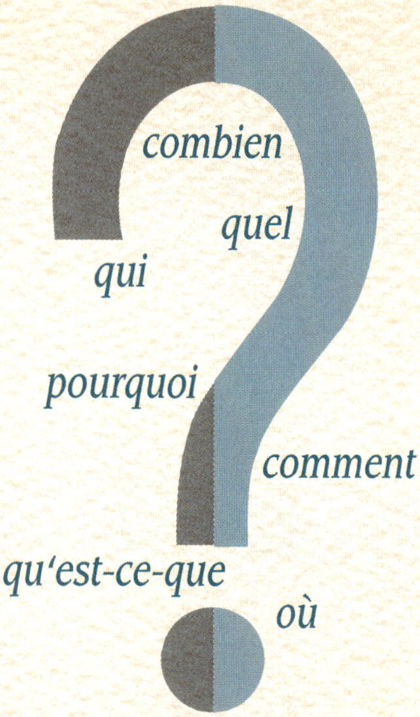

3. Consignes

Bei der Arbeit mit Pont NeuF entrée haben Sie sich bestimmt schon mit den französischen Arbeitsanweisungen vertraut gemacht. Können Sie sich erinnern, was sie bedeuten? Ordnen Sie zu.
Faites correspondre.

Hören Sie zu – Lesen Sie – Schreiben Sie – Ordnen Sie zu – Kreuzen Sie an – Überprüfen Sie – Wählen Sie aus – Sehen Sie sich an – Ergänzen Sie

Regardez
....

Lisez
....

Ecrivez
....

Faites correspondre
....

Cochez
....

Vérifiez
....

Choisissez
....

Complétez
....

Ecoutez
....

ENTRACTE 1

4. Le télégramme

Hier ein berühmter Dialog, gesprochen von Yves Montand und Simone Signoret. Hören Sie ihn und lesen Sie mit.

○ Télégramme téléphoné, 351, j'écoute.
◆ Mademoiselle, je voudrais passer un télégramme, s'il vous plaît.
○ Pour la France ?
◆ Oui, pour la France.
○ Quel numéro êtes-vous ?
◆ Odéon 27 45
○ 45… et adressé à ?
◆ Mademoiselle Colette Mercier.
○ Colette MERCIER, Marcel Eugène Raoul Célestin Irma Eugène Raoul ?
◆ Oui.
○ Adresse ?
◆ 23, Square Lamartine, Besançon.
○ Département ?
◆ Le Doubs, je crois.
○ Besançon, Doubs.
◆ Ah oui, c'est le Doubs.
○ Le texte ?
◆ Mon chéri.
○ Comment ?
◆ Mon chéri.
○ Mon chéri ou Ma chérie ?
◆ Non, non, mon chéri.
○ Mon chéri, comme une entête de lettre, alors ?
◆ Oui, si vous voulez. Mon chéri…
○ Mon chéri deux fois ?
◆ Non, mademoiselle, une fois.
○ Ensuite ?
◆ J'entends[1] le vent, je t'aime.
○ J'entends le vent, je t'aime.
◆ Euh…
○ Ensuite ?
◆ Oui, oui… La ville est morte depuis que tu es partie[2], mais la statue est…
○ Attendez, attendez… depuis que tu es partie, mais la… la quoi ?
◆ La statue.
○ Comme une statue ?
◆ Eh oui, comme une statue.
○ La statue est toujours à la même place[3], c'est ça ?
◆ C'est ça. Eugène Sue me regarde[4], je t'aime.
○ Eugène, comme le prénom ?
◆ Comme le prénom.
○ Ensuite ?
◆ Sue.
○ Comment ?
◆ Sue. Eugène Sue.
○ Epelez.
◆ S comme Susanne, U comme…
○ Comme Ursule.
◆ Oui, et E comme Eugène. Eugène Sue.
○ Sue !
◆ Et oui, mademoiselle, vous savez bien….
○ Ensuite ?
◆ …me regarde, je t'aime.
○ Je t'aime.
◆ Je pense à toi[5].
○ Je pense à toi.
◆ Je t'aime, je t'aime, je t'aime.
○ Je t'aime, je t'aime, alors trois fois, je t'aime ?
◆ Oui. Paul.
○ C'est la signature[6] ?
◆ Oui, c'est la signature.
○ Je vous relis : vous êtes Odéon 27 45 adressé à Colette Mercier Marcel Eugène Raoul Célestin Irma Eugène Raoul 23 Square Lamartine Besançon Doubs. Mon chéri, j'entends le vent, je t'aime. La ville est morte depuis que tu es partie, mais la statue est toujours à la même place. Eugène Sue me regarde. Je t'aime. Je pense à toi. Je t'aime, je t'aime, je t'aime. Signé Paul. Numéro 2232.

1 Ich höre…
2 Die Stadt ist ausgestorben, seit du weg bist.
3 immer noch am selben Platz
4 Eugène Sue schaut mich an.
Eugène Sue (1804 - 1857), französischer Schriftsteller. Sein Roman „Les Mystères de Paris" ist heute in Frankreich immer noch sehr bekannt.
5 Ich denke an dich.
6 Unterschrift

Au revoir

BOLERO
MAURICE RAVEL
MARCEL
Jean
EURO TUNNEL
BRUT
ROSÉ
PONT NeuF
en route

ANHANG

1.1

après exercice 2, page 12

1 **Die Autorinnen und Autoren von Pont NeuF stellen sich vor. Ergänzen Sie.**
Complétez.

après exercice 6, pagc 13

2 **Ergänzen Sie das Scrabble mit sechs Gruß- und Anredeformen.**

après exercice 6, page 13

3 **Ergänzen Sie die kurzen Gespräche. Meistens gibt es mehrere Möglichkeiten.**

1. – Bonjour, monsieur !
   Δ ....
2. • ....
   ◊ Gilles Renard, et vous ?
3. Δ Au revoir, madame !
   – Au revoir, mademoiselle, ...
4. ◊ ....
   • Je m'appelle Béatrice.
5. • Salut, Françoise !
   – ...., Bruno, ...

ANHANG

1.2

après exercice 6, page 16

1 Buchstabieren Sie die Namen von berühmten Persönlichkeiten. Die anderen Kursteilnehmer/innen erraten, um wen es sich handelt.

après exercice 8, page 17

2 Wer hat unterschrieben? Was wissen Sie über diese Person?

1.3

après exercice 3, page 19

1 **Diesen Würfeln fehlt jeweils ein Auge. Welche Zahlen zeigen sie an und welche Zahlen stehen auf der Rückseite?**

1. .... 2. .... 3. .... 4. .... 5. .... 6. ....

après exercice 3, page 19

2 **Bestimmt kennen Sie das Spiel „Schiffeversenken". Spielen Sie zu zweit. Markieren Sie im oberen Spielfeld Ihre Schiffe wie folgt:**
Jouez.

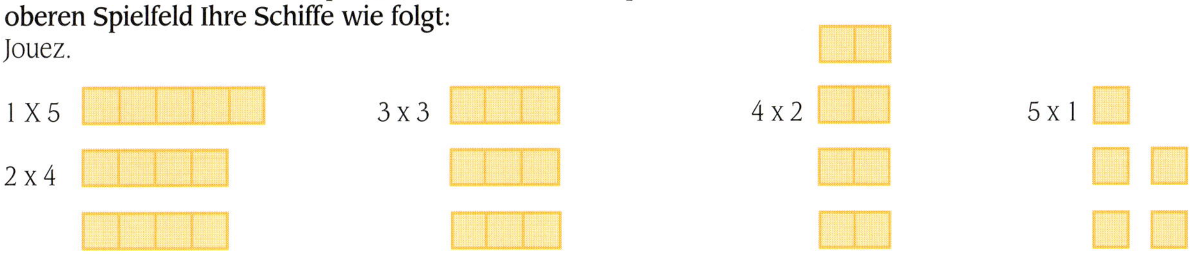

Finden Sie nun heraus, wo Ihr Spielpartner seine Schiffe platziert hat, indem Sie ein Kästchen aufrufen, z. B. **B 5**. Wenn eines Ihrer Schiffe getroffen ist, sagen Sie *Touché* !, wenn das Schiff versenkt wurde *Touché, coulé* !, wenn ein leeres Feld aufgerufen wird *Coup dans l'eau* !

Joueur A

	A	B	C	D	E	F	G	H	I	J
1										
2										
3										
4										
5										
6										
7										
8										
9										
10										

Joueur B

	A	B	C	D	E	F	G	H	I	J
1										
2										
3										
4	X									
5										
6										
7										
8										
9										
10										

A 4 *Coup dans l'eau ! = Wasser!*
B 4 *Touché ! = Treffer !*
C 4 *Touché, coulé ! = Versenkt!*

Ein Schiff ist dann versenkt, wenn Sie alle von dem Schiff besetzten Kästchen erraten haben.
Es gewinnt der Spieler, der zuerst alle Schiffe seines Gegners versenkt hat. Auf einem zweiten Spielfeld können Sie markieren, welche Kästchen Sie bereits aufgerufen haben.

après exercice 6, page 20

3 **Zahlenquiz**

1. Welche französische Zahl von 1 bis 10 hat die meisten Buchstaben? ....
2. Welche die wenigsten? ....
3. Welche Zahlen enden mit „x"? ....
4. Welche reimen sich? ....
5. Welche Zahlen von 1 bis 20 enthalten „dix"? ....
6. Welche enthalten ein „t"? ....
7. Welche Zahlen enden mit „ze"? ....
8. Welche bestehen aus vier Buchstaben? ....
9. Welche Zahl enthält ein „e accent aigu"? ....

2.4

après exercice 4, page 27

1 **Ergänzen Sie die Sätze mit den passenden Formen von *aimer*.**
Complétez.

1. Les Allemands .... la charcuterie.
2. Nous .... la nature.
3. On .... les Français.
4. Elles .... la cuisine française.
5. Tu .... la bière ?
6. Non, moi, j' .... le vin.
7. Et vous, vous .... le chocolat ?

après exercice 5, page 27

2 **Welches Wort passt nicht zu den anderen? Tragen Sie es in das Rätsel ein.**

1. vin, bicrc, champagne, café, gâteaux

2. charcuterie, gâteaux, chocolat, lavande, baguette

3. littérature, autoroutc, peinture, architecture, musique

Kennen Sie das Lösungswort?

après exercice 7, page 28

3 **Aus welchem Land stammen die Fotos? Fragen Sie sich gegenseitig und antworten Sie mit *oui* oder *non*.**
– C'est en Belgique ?
• Non, c'est en...

C'est en Belgique ?

C'est en France ?

C'est en Suisse ?

C'est en Allemagne ?

après exercice 8, page 28

4 **Im Rahmen eines Austausches mit Ihrer Partnerstadt stellen Sie sich schriftlich kurz vor.**

Je m'appelle... J'aime... Je suis... J'ai... Je suis de...

2.5

après exercice 5, page 31

1 **Setzen Sie die passenden Formen ein.**

1. – Vous .... (parler) français ?
   • Oui, je .... (parler) français et allemand.

2. – Ma collègue et moi, nous .... (travailler) beaucoup. Notre chef .... (aimer) voyager.
   • Et vous, vous .... (rester) au bureau !

3. – Et toi, tu .... (voyager) beaucoup ?
   • Oui, mais cet été, je .... (rester) en Allemagne pour .... (travailler).

4. – Michel et Christine .... (travailler) en Suisse.
   • Ah bon ?

après exercice 5, page 31

2 **a. Sie lernen einen interessanten Menschen im Zug kennen.**
Sie erzählen von sich und fragen sich gegenseitig nach Ihren Vorlieben.
Was sagen Sie? Bereiten Sie mit Ihrem Nachbarn/Ihrer Nachbarin dieses Gespräch vor.

Je/Vous (être) ... Vous (aimer) ... Vous (apprendre) ...
Vous (parler) ... Vous (travailler) ...
Vous (voyager) ... Vous (rester) ...

b. Spielen Sie die Szene der Gruppe vor.

après exercice 8, page 32

3 **Sie sprechen über sich. Bilden Sie einen Satz mit einem der Verben** *parler, voyager, rester, travailler, aimer.* **Die Gruppe wiederholt Ihren Satz in der dritten Person Singular.**

◊ *J'aime la musique classique.* → • *Susanne aime la musique classique.*

2.6

après exercice 2, page 35

1 Verbinden Sie den deutschen Namen dieser Städte mit dem französischen.

Genf | Lüttich | Kopenhagen | Wien | Köln | London | Mailand | Braunschweig | Aachen | Venedig | Basel | Dresden | Regensburg | Frankfurt

Venise | Ratisbonne | Brunswick | Genève | Liège | Milan | Vienne | Bâle | Dresde | Londres | Copenhague | Aix-la-Chapelle | Cologne | Francfort

(Aachen → Aix-la-Chapelle)

après exercice 9 a., page 37

2 In jeder Reihe ist ein Stein zu viel. Streichen Sie ihn durch.

1. elle | est | es | chic
2. elles | suis | sont | cousines
3. nous | sommes | sont | en Afrique
4. vous | être | êtes | Allemand
5. je | suis | es | jeune
6. on | est | sommes | en voyage

après exercice 9 a., page 37

3 In diesem Buchstabenkästchen finden Sie alle Präsensformen des Verbs *être*. Markieren Sie sie. Jeder Buchstabe darf nur in einer Kombination verwendet werden. Die restlichen Buchstaben ergeben, richtig zusammengesetzt, den Namen eines Landes, in dem Französisch gesprochen wird.

S	E	U	O	S	U	E	X
U	B	S	E	G	R	S	L
I	M	T	T	S	O	N	T
S	Ê	S	O	M	M	E	S

Die Lösung ist: LE _ _ _ E _ _ _ _ _ _

ANHANG

3.7

après exercice 4, page 44

1

Wie ist das Wetter? Verneinen Sie die Sätze.
Quel temps fait-il ? Mettez les phrases à la forme négative.

1. A Nice, il fait très chaud, mais à Montréal, ...
2. A Paris, il pleut, mais à Toulouse, ...
3. A Chamonix, il neige, mais à la Réunion, ...
4. A Limoges, il fait froid, mais à Perpignan, ...
5. A Rennes, le temps est formidable, mais à ...., ...

après exercice 8, page 46

2

Finden Sie das Adjektiv, das zum Substantiv passt, und ergänzen Sie die Sätze.
Complétez les phrases.

petite	gens	gros	rue	charmants
magasin	belles	bouquets	grand	randonnées

1. J'aime les .... en montagne.
2. Je travaille dans un ....
3. J'habite dans une ....
4. A Montréal, les .... sont ....
5. J'adore les .... de mimosa.

après exercice 8, page 46

3

In den Buchstabenkästchen sind die französischen Ländernamen der angegebenen Hauptstädte versteckt. Schreiben Sie die Länder auf.
Die nicht verwendeten Buchstaben tragen Sie ihrer Reihenfolge nach in die Lösungsfelder ein. Wie lautet das Lösungswort ?

1. Berne	I	S	F	E	S	U	S	R		....
2. Bruxelles	Q	U	B	I	L	A	E	G	E	....
3. Rabat	N	C	C	A	O	O	R	M		....
4. Paris	C	F	P	N	R	H	A	O	E	....
5. Ottawa	D	A	N	N	A	I	A	C	E	....

Lösungswort: ☐ ☐ ☐ ☐ ☐ ☐ ☐ ☐ ☐ ☐ ☐ ☐

3.8

après exercice 3, page 49

1 **Am Telefon. Welche Sätze/Fragen gehören zusammen?**

1. Tu me passes Sylvie, s'il te plaît ?
2. Allô, c'est Muriel ?
3. Je voudrais parler à Robert, s'il vous plaît.
4. Allô, c'est qui ?
5. Je rappelle ce soir ?

- ☐ a. Je suis désolée, il n'est pas là.
- ☐ b. Oui, un instant, s'il te plaît.
- ☐ c. C'est Isabelle.
- ☐ d. Oui, parfait.
- ☐ e. Non, c'est moi, Sandrine.

après exercice 13 a, page 52

2 **a. Tragen Sie die Verbformen in die entsprechende Spalte ein.**

vais – travaillons – êtes – aiment – regardons – suis – vas – téléphone – allez – voyageons – manges – parle – vont – restent – est

je	tu	il/elle/on	nous	vous	ils/elles

b. Sehen Sie sich die Verben noch einmal an. Welche Formen fehlen?

c. Versuchen Sie, mit den obigen Verbformen mindestens fünf Sätze zu bilden.

après exercice 13 a, page 52

3 ***Aller*** **ist ein Verb, dem Sie im Französischen häufig begegnen werden. Hier ein kleines Quiz.**

1. Welche Formen von *aller* fangen mit „a" an? ....
2. Welche Formen enden mit „s"? ....
3. Welche klingen gleich? ....
4. Welche Form hat die wenigsten Buchstaben? ....
5. Welche endet mit „z"? ....
6. Welche Formen haben ein „o"? ....

3.9

après exercice 6, page 57

1 **Ergänzen Sie mit dem bestimmten oder unbestimmten Artikel im Singular.**
Complétez.

1. J'aime .... chocolat mais je n'aime pas .... chantilly. Et puis, ... café, c'est mauvais pour .... santé !
2. • Vous aimez .... île d'Oléron ?
   – Oui, beaucoup. C'est .... île très jolie. En septembre, ... mer est agréable.
3. ◊ Tu peux me donner .... numéro de téléphone de Carine, s'il te plaît ?
   – Oui, ... instant.
4. • M. Bisset a .... gros chien et .... grosse moto.
   – Il s'appelle comment, ... chien ?
   • Max.

après exercice 7, page 57

2 **Ergänzen Sie die Sätze mit den passenden Formen von *avoir* oder *être*.**
Complétez.

1. Marlies .... Allemande. Elle .... 45 ans. Elle .... deux enfants.
2. – Vous .... un travail ?
   • Oui, je .... secrétaire chez Peugeot.
3. Ici, le temps .... magnifique. Et toi, tu .... beau temps ?
4. Nous .... Françaises mais nous .... une voiture allemande.
5. J' .... des robes pas chères mais elles .... très jolies.

après exercice 12, page 59

3 **a. Ergänzen Sie mit der passenden Form der angegebenen Adjektive.**
Complétez.

1. Les paysages de Belgique sont	magnifique
2. J'aime les .... cravates et la musique	beau, classique
3. Les enfants de M. et Mme Jarnage sont	charmant
4. Les gâteaux à la chantilly sont	excellent
5. La robe est .... mais franchement, elle est	beau, cher
6. Le fromage, c'est	délicieux

b. Lesen Sie die Sätze vor. Achten Sie auf die Aussprache von [ʒ] wie in Journal und [ʃ] wie in Schuh.
Lisez les phrases.

ANHANG

4.10

➥ après exercice 4, page 64

1

a. Elf Getränke werden gesucht. Sie stehen senkrecht und waagrecht im Buchstabenquadrat. Markieren Sie die Begriffe.
Welchen „Trinkspruch" können Sie aus den restlichen Buchstaben bilden?

Lösung: ....

W	H	I	S	K	Y	C
P	A	P	L	I	A	O
O	E	A	U	R	V	G
R	Ô	S	T	V	I	N
T	R	T	H	É	E	A
O	B	I	È	R	E	C
J	U	S	C	A	F	É

b. Ordnen Sie nun die Wörter nach dem unbestimmten Artikel *un* oder *une*.

➥ après exercice 7, page 65

2 **Bilden Sie jeweils die Pluralform.**

Je regarde un film allemand. → Nous regardons des films allemands.

1. J'ai un enfant charmant.
2. Il a une cravate chère.
3. Il va en vacances dans un pays magnifique.
4. Je mange un gâteau au chocolat.
5. Tu prends un glaçon ?

➥ après exercice 12, page 67

3

a. Ergänzen Sie den Text mit den passenden Verben.
Complétez le texte.
aimer - voyager - aller - être - manger - apprendre - visiter - avoir (2x).

Rainer et moi, nous .... Allemands. Nous .... deux enfants, Julia et David. Nous .... le français. Pour les vacances, nous .... souvent en Provence, parce que nous .... bien la région. Nous .... beaucoup, nous .... les petites villes et nous .... les spécialités régionales. Nous .... beaucoup d'amis français.

b. Formen Sie den Text um, in dem Sie *nous* durch *on* ersetzen.

4.10

après exercice 12, page 67

4 **„Schöner Wohnen" kann viel bedeuten. Ordnen Sie die Wörter den Zeichnungen zu. Die meisten Wörter kennen Sie bereits. Die übrigen Wörter können Sie im Wörterbuch nachschlagen.**
Complétez le texte.

- ☐ la tente
- ☐ la caravane
- ☐ le château
- ☐ l'iglou
- ☐ la cabane
- ☐ l'immeuble
- ☐ la villa

1

2

3

4

5

6

7

4.11

après exercice 7 a., page 71

1 **Tragen Sie die Formen von *venir* in die Kästchen ein. Die nummerierten Buchstaben ergeben als Lösungswort eine Stadt, die man sowohl in Österreich als auch in Frankreich findet, sowie den Namen eines französischen *département*.**

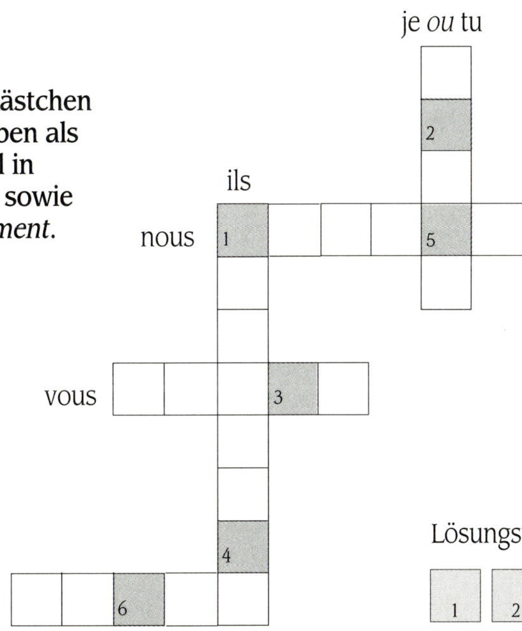

Lösungswort:

1	2	3	4	5	6

4.11

après exercice 8, page 71

2 **Ergänzen Sie mit der passenden Verbform.**

venir - comprendre - rappeler - avoir - manger - être (2x) - voyager - vouloir - aller - parler

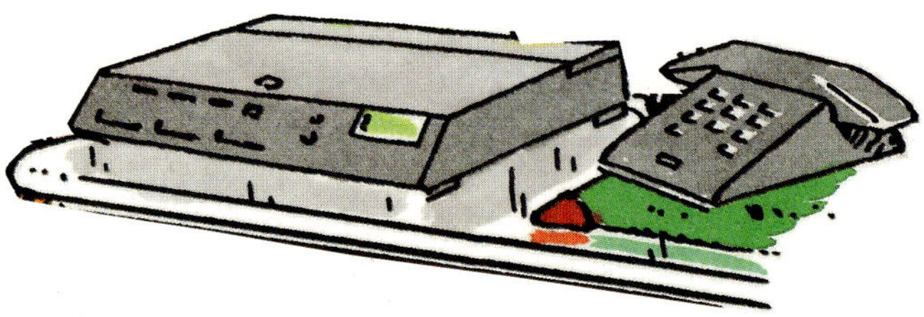

OK, je .... après le bip sonore ! Salut Marion ! C' .... moi, Xavier. Merci pour ton invitation. Désolé, dimanche, ça ne .... pas. Je .... au bureau de 9 à 20 h avec un collègue de Belgique. On .... des problèmes avec l'installation d'un ordinateur. Il .... pour ça. Et après, nous .... dans un restaurant de l'aéroport. Tu ...., il .... beaucoup ; il .... prendre l'avion de 22 h. Je te .... lundi. Salut !

après exercice 9, page 72

3 **Ist eine Präposition notwendig oder nicht? Ergänzen Sie, wenn nötig, mit *à, de, en, dans, avec, chez, pour.***

1. – Tu as des projets .... le week-end ?
   Δ Non, pourquoi ?
2. – Tu veux .... venir .... la maison ? J'ai envie .... faire la cuisine.
3. Δ Tu m'invites .... toi ? C'est gentil .... ta part.
4. – Mes amis .... Nantes viennent. Ils sont .... vacances .... la région. Ils viennent .... Sue, une Anglaise. C'est bien .... les enfants, ils parlent anglais .... elle. Tu aimes .... parler anglais, non ? Alors, viens à la maison.
5. Δ Oh oui, génial ! .... plaisir ! .... dimanche !

après exercice 12, page 73

4 **a. Antworten Sie schriftlich auf die Einladung.**

b. Schreiben Sie eine Einladung zu einem anderen Anlass.

4.12

après exercice 3, page 75

1 **Welche Farben sind in den Nationalflaggen der folgenden Länder vertreten ? Schreiben Sie sie und ergänzen Sie die italienische Flagge.**
De quelle couleur sont les drapeaux ? Ecrivez les couleurs et complétez le drapeau italien.

1.  *rouge et blanc* ....

la Suisse

2.  ....

la Belgique

3.  ....

l'Europe

4.  ....

la France

5.  ....

le Canada

6.  ....

l'Italie

après exercice 4, page 75

2 **a. „La vie en rose..." - Notieren Sie zu jeder Farbe mindestens einen Begriff, der Ihnen dazu einfällt. Falls Sie ihn nicht auf Französisch kennen, nehmen Sie Ihr Wörterbuch zu Hilfe.**
Cherchez des mots qui vont avec les couleurs. Si vous voulez, prenez un dictionnaire.

rose — violet/te — bleu/e — orange — noir/e — blanc/blanche — jaune — vert/e — rouge

b. Bilden Sie mit Ihren Wörtern Sätze, und achten Sie dabei auf die richtigen Adjektivendungen.
Faites des phrases.

Le café est noir.
Les nuages sont blancs.

4.12

après exercice 8, page 77

3 Wo befindet sich Miam?
Où se trouve Miam ?

un avion = ein Flugzeug

1. Miam est .... l'avion.

2. Miam est .... l'avion.

3. Miam est .... l'avion.

4. Miam est .... deux avions.

5. Miam est ....

6. Miam est .... , l'avion est ....

RENDEZ-VOUS D'AFFAIRES

1.1

a. Sehen Sie sich die folgenden französischen Wörter an.
Welche haben Ihrer Ansicht nach etwas mit dem Berufsleben zu tun?
Kreuzen Sie an.
Cochez.

☐ le/la collègue ☐ le buffet ☐ l'apéritif ☐ le crédit

☐ l'autobus ☐ l'aspirine ☐ le budget ☐ l'organigramme

☐ les Champs-Elysées ☐ la production ☐ le canapé

☐ la garantie ☐ le trottoir ☐ le/la secrétaire

b. Welche Wörter haben Sie angekreuzt? Was könnten sie auf Deutsch bedeuten?
Schlagen Sie, falls nötig, im Wörterbuch nach.

1.2

a. Schauen Sie sich die folgenden Begriffe an und finden Sie die entsprechende Abkürzung. Ergänzen Sie.
Regardez et complétez.

zone industriellc
Industriegebiet

taxe à la valeur ajoutée
Mehrwertsteuer

président-directeur général
Vorstandsvorsitzender

petites et moyennes entreprises
Klein- und mittelständische Betriebe

train à grande vitesse
ICE (Hochgeschwindigkeitszug)

curriculum vitae
Lebenslauf

société à responsabilité limitée
GmbH

1. P.__.G.
2. T.G.__.
3. P.M.__.
4. __. I.
5. __. V.
6. __. V.A.
7. S.A.__. L.

b. Lesen Sie die Abkürzungen zu zweit.
Lisez.

1.3

Ergänzen Sie die Visitenkarten mit *Arnault, ingénieur, marketing, architecte.*
Complétez.

Marcel Decaux

Département ....
C.B.I. Informatique

123, av. du Général Leclerc
76362 Rouen
Tél. (02) 35 38 46 28
Fax: (02) 35 38 46 29

1

Maxime Tellier

....

18, rue P. Bert
75017 Paris
portable :
(01) 48 34 59 26

2

Nicole ....
....

Tél. (01) 18 46 24 37
Télécopie: (01) 18 46 24 39

3

2.4

Nummerieren Sie die Gegenstände.
Numérotez.

1. le bureau
2. la lampe
3. le téléphone
4. la photocopieuse
5. la calculatrice
6. l'ordinateur

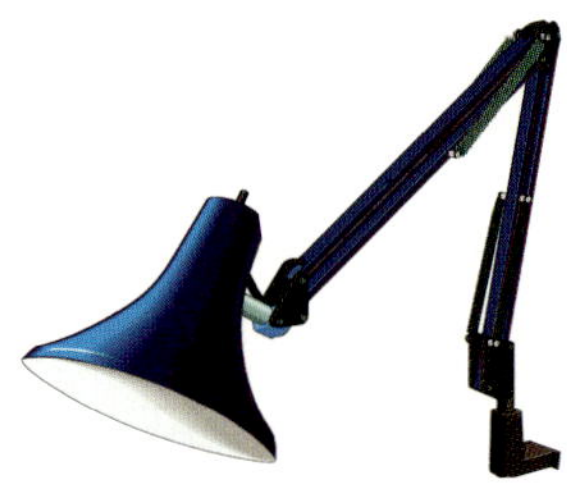

c ☐

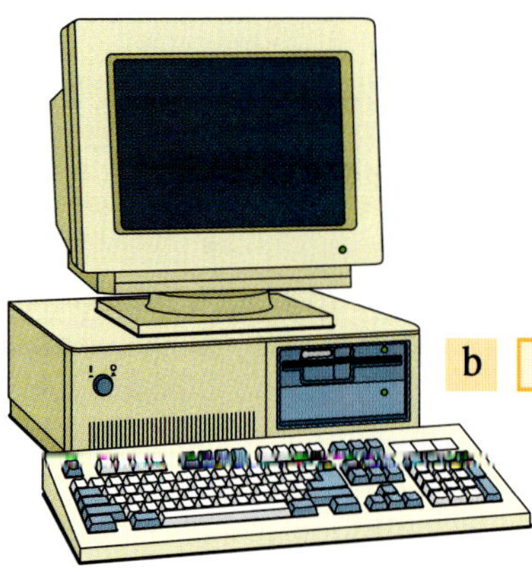

b ☐

a ☐

d ☐

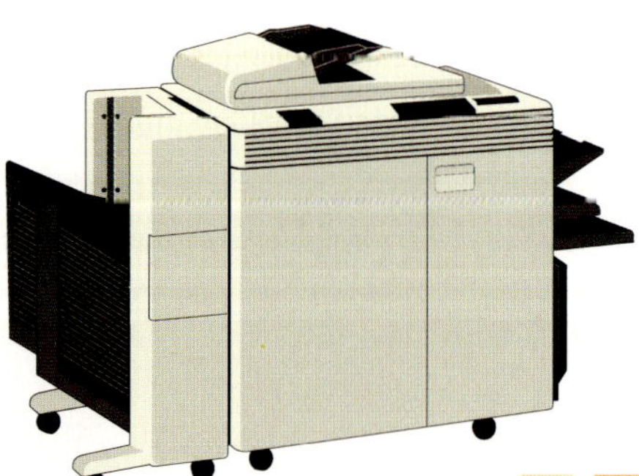

e ☐

f ☐

2.5

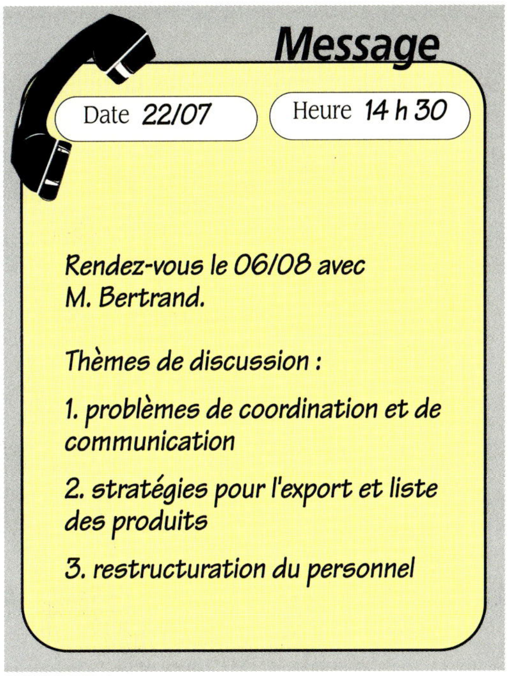

a. Lesen Sie den Inhalt der kurzen Gesprächsnotiz. Unterstreichen Sie die Wörter, die sich leicht erschließen lassen.
Lisez et soulignez.

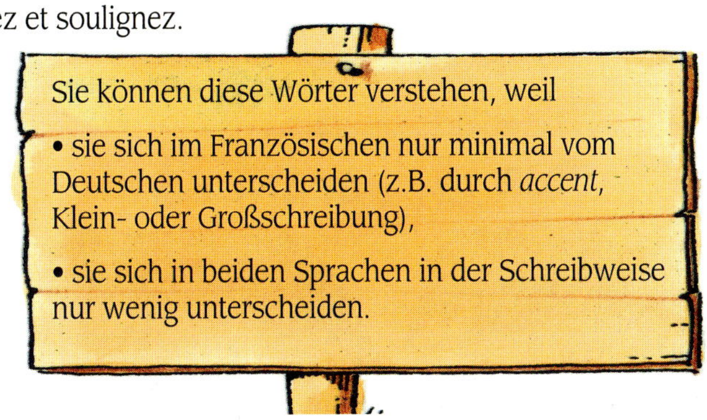

b. Listen Sie die Wörter nach diesen Kriterien auf und notieren Sie die deutsche Entsprechung.

Es gibt in der Notiz ein Wort, das im Französischen je nach Kontext eine andere Bedeutung hat. Welches ist es? Was versteht ein Deutscher/eine Deutsche im Allgemeinen darunter? Was bedeutet es in der Notiz?

2.6

a. Ergänzen Sie den folgenden Dialog mit den passenden Wörtern.
Complétez le dialogue.

beaucoup • ingénieur • travaille • libre • collègues • Paris • travaillez • bonjour • allemand

– Benoît Tavernier, bonjour !

• .... ! Stefan Neumann. (1)

– Vous .... pour Siemens ? (2)

• Oui. Et vous ?

– Moi aussi. Vous êtes à Siemens-Paris ?

• Non, je .... à Munich. Je suis .... (3)

– Moi, je suis commercial à .... (4)

• Vous parlez .... ? (5)

– Non, mais j'aime .... l'Allemagne et surtout la bière allemande. (6)

• Vous connaissez les "Biergärten" allemands ?

– Ah non.

• Eh bien, vous êtes .... après le travail ? J'ai rendez-vous avec des .... au "Biergarten"... (7)

b. Stellen Sie die beiden Gesprächspartner kurz vor.

Ils travaill.......... pour Siemens. Monsieur Tavernier .... et Monsieur Neumann

....

3.7

a. Tragen Sie die Nummer des Geräts/Gegenstands in das entsprechende Kästchen ein.
Ecrivez les numéros dans les cases.

a. ☐ la souris

b. ☐ le moniteur
c. ☐ le CD Rom
d. ☐ la disquette

e. ☐ le disque dur
f. ☐ le logiciel
g. ☐ le clavier

h. ☐ le modem
i. ☐ le (téléphone) portable
j. ☐ l'imprimante *f*

b. Setzen Sie folgende Vorgänge in die richtige Reihenfolge.

sauvegarder sur disquette   quitter   allumer l'ordinateur
cliquer avec la souris   taper sur le clavier   imprimer

1. ....
2. ....
3. ....
4. ....
5. ....
6. ....

3.8

Was sagen Sie, wenn Sie mit französischen Geschäftspartnern telefonieren?

1. Sie stellen sich vor. ....
2. Sie fragen, wer am Apparat ist. ....
3. Sie sagen, dass Sie jemanden sprechen möchten. ....
4. Sie vergewissern sich, dass Sie eine Telefonnummer richtig verstanden haben.

....

5. Sie bitten Ihren Geschäftspartner/Ihre Geschäftspartnerin etwas zu wiederholen.

....

6. Sie sagen, dass Sie morgen zurückrufen. ....
7. Sie verabschieden sich. ....

3.9

a. Ergänzen Sie die fehlenden Wörter.
Complétez les dialogues.

envie de — passer — Excusez-moi — instant — comment — C'est — numéro — vous — Qui — répéter

1.
• Société Joker, bonjour !

Δ Bonjour ! Vous pouvez me .... madame Boutier, s'il vous plaît ?

• Oui. .... est à l'appareil ?

Δ Monsieur Laurent.

• Un ...., s'il vous plaît...

2.
• Société Joker, bonjour !

– Je voudrais parler à monsieur Bartillet.

• A monsieur... ? Vous pouvez .... s'il vous plaît ?

– Monsieur Bartillet.

• Monsieur Bartillet ? Mais, quel .... demandez-vous ?

– Le 04 89 64 23 36.

• Ah, non. Ici c'est le 04 86 64 23 36.

– .... !

3.
• Société Joker, bonjour !

◊ Allô ? .... Christine Fabre ?

• Oui.

◊ Bonjour, c'est Françoise Sanga.

• Bonjour, Françoise, ... allez-vous ?

◊ Ça va. Et .... ?

• Ah... il y a beaucoup de travail ! Ce téléphone...

◊ Vous avez .... manger avec moi à midi ?

• Avec plaisir. Rendez-vous à la cantine.

◊ A bientôt !

b. Wählen Sie einen Dialog aus und spielen Sie die Szene zu zweit.
Choisissez un dialogue et jouez la scène à deux.

RENDEZ-VOUS D'AFFAIRES

4.10

a. Ergänzen Sie dieses Fax.
Complétez le fax.

b. Vergleichen Sie mit Ihrem Nachbarn/Ihrer Nachbarin.
Comparez avec votre voisin/e.

c. Beantworten Sie das Fax.
Ecrivez une réponse au fax.

18 janvier 1999 9:35

Société Label

TÉLÉCOPIE
nombre de pages : 1

TEL. : (01) 43 28 99 74
FAX. : (01) 43 28 98 73

Paris, le 18 janvier 1999

de : Gilles Dinard

à : Peter Neumann

(1)...................... Peter,

(2)................ pour votre fax. Je (3)................... à Karlsruhe dans une semaine. J'ai (4)........................... vendredi à 10 heures avec votre (5)........................... du marketing et le soir, je suis libre. Vous avez des (6)......................... pour vendredi dans une semaine. Vous avez le (7)..................... la semaine prochaine ? On peut (8)...................... ensemble ? (9)...................... -moi vite ou faxez-moi votre réponse.

A (10)..................... .

Gilles

4.11

Lesen Sie den Dialog zwischen Pierre und Gilles und ergänzen Sie das Organigramm der Firma Robin.
Lisez le dialogue et complétez.

– Bonjour, Gilles.
◆ Bonjour, Pierre.
– Comment allez-vous ?
◆ Très bien, merci. Et vous ?
– Ça va, merci. Qu'est-ce que vous prenez ? Un café ?
◆ Oui, volontiers.
– Voilà, un petit café. Alors vous avez des projets ?
◆ Oui. J'ai l'intention de prendre contact avec la firme Robin. Vous connaissez ?
– Robin S.A.R.L. ? Oui, je connais bien. Je travaille beaucoup avec Roland Dupont, le directeur du marketing. C'est un monsieur très dynamique.
◆ Il est responsable pour l'export ?
– Non, c'est Pascale Legrand qui est chef du service export. Elle est très bien.
◆ Et le directeur général ?
– Monsieur Robin ? Il voyage beaucoup. Il est souvent absent. Mais sa secrétaire, Mademoiselle Picot, peut répondre à toutes les questions. Enfin presque toutes... Pour les questions de production, il faut parler à Monsieur Morel. C'est le directeur de la production.

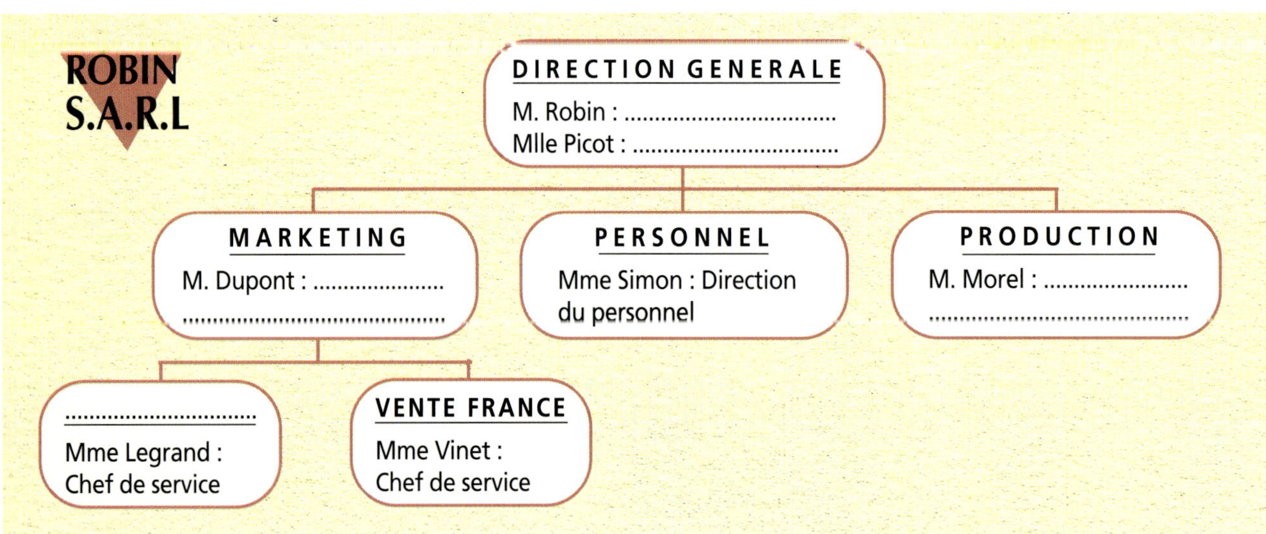

4.12

a. Lesen Sie das Fax. Wer hat es geschrieben?
An wen ist es gerichtet?
Äußern Sie Vermutungen.
Lisez le fax et faites des hypothèses.

30 juillet 1999   11 : 45

FAX

Téléphone : 01.69.05.22.00
Fax : 01.69.05.22.10

de : ....

à : ....

Nombre de pages : 1

Madame, Monsieur,
Merci pour votre fax du 27 juillet 1999. Nous confirmons la réservation de 15 chambres à un lit avec douche et W.-C. pour la semaine du 15 au 18 octobre.
L'arrivée est prévue le 14 au soir.
Nous vous serions reconnaissants de bien vouloir réserver pour les trois jours, une salle de conférence équipée d'un rétroprojecteur et d'un téléphone.
Merci de préparer les boissons (café, thé, coca cola, jus de fruits et eau minérale) pour les trois jours.
Pourriez-vous nous faxer des propositions de menus pour les déjeuners et les dîners ?

Merci de votre réponse.

b. Können Sie die Bedeutung der folgenden Wörter erraten?
Devinez.

chambre à un lit

☐ Doppelzimmer

☐ Einzelzimmer

prévu

☐ vorgeschlagen

☐ vorgesehen

reconnaissant

☐ erkennbar

☐ dankbar

rétroprojecteur

☐ Overhead Projektor

☐ Diaprojektor

boissons

☐ Material

☐ Getränke

Support touristique

Was Sie alles aus Pont NeuF entrée schon kennen...

- **Vorstellung**

sich begrüßen	Bonjour, monsieur/madame/mademoiselle !	1.1
	Salut, Brigitte !	1.1
sich vorstellen	Je m'appelle Petra Schmidt.	1.1
	Moi, c'est Karin.	1.1
jemanden nach dem Namen fragen	Vous vous appelez comment ?	1.1
	Monsieur Petit, c'est vous ?	1.1
seinen Beruf nennen	Je suis secrétaire de direction.	2.5
sich verabschieden	Au revoir, monsieur/madame/mademoiselle !	1.1
	Salut, Jacques !	1.1
	A demain !	1.1

- **Small talk**

sich nach dem Befinden erkundigen	Ça va ?	1.1
	Comment ça va ?	1.1
	Ça va, merci.	1.1
sich nach dem Wetter erkundigen	Quel temps fait-il à Lyon ?	3.7
über das Wetter sprechen	Il pleut. Il fait beau. Il y a du vent.	3.7
fragen, ob der Platz frei ist*	Pardon, la place est libre ?	1.2

- **Am Telefon**

ein Telefongespräch beginnen	Allô ? – Allô, c'est Valérie.	3.8
	Qui est à l'appareil ?	3.8
ein Telefongespräch führen	Vous me passez Michel, s'il vous plaît ?	3.8
	Pardon ? Vous pouvez répéter, s'il vous plaît ?	1.2
	Je rappelle demain.	3.8
fragen, wie etwas geschrieben wird	Ça s'écrit comment ?	1.2
	Vous pouvez épeler, s'il vous plaît ?	1.2
seinen Namen buchstabieren	Je m'appelle Schmidt. S-C-H-M-I-D-T.	1.2
nach einer Telefonnummer fragen	Vous pouvez me donner le numéro de téléphone de Mme Denom ?	3.8
	Je cherche le numéro de téléphone de Mme Denom.	3.8
jemanden einladen	Vous venez au cinéma avec moi dimanche ?	4.11
	Vous prenez un café avec moi ?	4.11
eine Einladung annehmen	Ah, c'est une bonne idée !	4.11
	Oui, nous venons avec plaisir.	4.11
eine Einladung ablehnen	Non, je suis désolé/e, mais je...	4.11
	Non, ce soir, ça ne va pas, je...	4.11

- **Im Café/Restaurant**

die Bedienung rufen	Monsieur/Madame/Mademoiselle, s'il vous plaît !	1.1
ein Getränk bestellen*	Moi, je prends un thé.	4.10
	Pour moi, une bière, s'il vous plaît.	4.10
	Vous avez des glaçons ?	4.10
sich bedanken	Merci.	1.1
sich entschuldigen	Pardon.	1.2
	Excusez-moi.	1.1
nach dem Preis fragen*	Ça fait combien ?	1.3

* Wenn Sie mehr darüber erfahren wollen, schauen Sie sich folgende Seiten an.

Support touristique

A l'hôtel

Vous avez encore une chambre ?
Pour une nuit/trois nuits.
Pour une personne/deux personnes.
Vous acceptez les chiens ?
J'ai réservé une chambre double avec des lits jumeaux.
Avec douche/salle de bains.
On peut mettre un lit d'enfant dans la chambre ?
Je peux voir la chambre, s'il vous plaît ?
Elle me plaît. Je la prends.
Elle est à combien ?
Le petit déjeuner est compris dans le prix ?
Vous pouvez me réveiller à 6 heures ?
Vous pouvez monter le petit déjeuner dans la chambre à 9 heures ?
Où est-ce que je peux garer ma voiture ?
Vous acceptez les cartes bancaires ?

Demander des renseignements

Je cherche la rue Victor Hugo. Vous pouvez m'aider ?
Vous savez où il y a un commissariat de police ?
On m'a volé mon sac à main/mon portefeuille avec mes papiers.
Où est-ce qu'il y a une station-service/un garage/ un hôtel pas trop cher/un bon restaurant ?
Vous pouvez me dire où est l'office de tourisme/où il y a une pharmacie ?
Vous avez la monnaie de 10 euros, S.V.P. ?
Vous pouvez appeler un médecin/le SAMU ?
Téléphonez aux pompiers, S.V.P.

Au restaurant/café

J'ai réservé une table pour quatre personnes.
Quel est le plat du jour ?
Je prends le menu à 18 euros.
Je mange à la carte.
Je vais prendre un steak bien cuit/à point/ saignant.
Je peux avoir encore un peu de pain/une carafe d'eau ?
Nous ne prenons pas de dessert/fromage, merci.
Comme dessert, je prends une glace.
Qu'est-ce que vous me conseillez comme vin ?
L'addition, s'il vous plaît.
Je pense qu'il y a une erreur dans l'addition.

Faire des courses

Une carte de téléphone à 50 unités, S.V.P.
Vous pouvez me dire où est le rayon alimentation/ enfants ?
Il n'y a plus de pain ?
Un carnet de timbres, S.V.P.
Est-ce que je peux avoir des timbres avec les cartes postales ?
Je ne trouve pas la taille 42. Vous pouvez m'aider ?
Où est la caisse ?
Je voudrais un kilo d'abricots.
Un morceau de Brie, S.V.P.
Ça sera tout, merci.
Ça fait combien ?
Je n'ai pas de monnaie.
Je n'ai pas besoin d'un sac en plastique, merci.

A la gare/l'arrêt de bus
A la station de métro/taxi

Le train pour Toulouse, c'est quelle voie ?
Où est-ce que je peux composter mon billet ?
Je suis désolé/e, mais cette place est réservée.
Vous voulez voir ma réservation ?
Vous pouvez m'aider à monter ma valise, S.V.P. ?
Excusez-moi, vous êtes dans un compartiment non-fumeurs.
Vous me faites un reçu, S.V.P. ?
Vous avez un plan du métro ?
Un ticket/Un carnet, S.V.P.
Pour aller au Louvre, je prends quelle ligne/je dois changer où ?
Il y a une station de métro/un arrêt de bus pas loin ?

A l'office de tourisme

Vous pouvez me donner un plan de la ville/des prospectus sur la région/une liste des hôtels/ des chambres chez l'habitant ?
Est-ce qu'il y a des visites guidées ? A quelle heure ?
Vous avez le programme des spectacles pour la semaine/le mois ?
Où est-ce qu'on peut prendre les billets ?
Vous pouvez me montrer sur le plan où est la tour Eiffel ?
Vous pouvez m'écrire l'adresse du garage et le numéro de téléphone ?
Je voudrais des informations sur l'histoire de ce monument.

SUPPORT TOURISTIQUE

Auskünfte einholen

Ich suche die *rue Victor Hugo*. Können Sie mir helfen?
Wissen Sie, wo hier ein Polizeirevier ist?
Meine Handtasche/meine Brieftasche mit Papieren ist mir gestohlen worden.
Wo gibt es hier eine Tankstelle/eine Autowerkstatt/ ein günstiges Hotel/ein gutes Restaurant?
Können Sie mir sagen, wo die Touristeninformation/ eine Apotheke ist?
Könnten Sie 10 Euro wechseln?
Könnten Sie einen Arzt/einen Krankenwagen rufen?
Benachrichtigen Sie bitte die Feuerwehr.

Im Hotel

Haben Sie noch ein Zimmer frei?
Für eine Nacht/drei Nächte.
Für eine Person/zwei Personen.
Sind Hunde erlaubt?
Ich habe ein Doppelzimmer mit zwei getrennten Betten reserviert.
Mit Dusche/Bad.
Kann man ein Kinderbett ins Zimmer stellen?
Könnte ich das Zimmer sehen?
Es gefällt mir. Ich nehme es.
Was kostet es?
Ist das Frühstück inklusive?
Könnten Sie mich bitte um 6 Uhr wecken?
Könnten Sie das Frühstück um 9 Uhr auf's Zimmer bringen?
Wo kann ich das Auto parken?
Nehmen Sie Kreditkarten?

Einkaufen

Eine Telefonkarte mit 50 Einheiten, bitte.
Können Sie mir sagen, wo die Lebensmittelabteilung/die Abteilung mit Kinderbekleidung ist?
Gibt es kein Brot mehr?
Ein Briefmarken-Heftchen, bitte.
Kann ich auch Briefmarken zu den Postkarten bekommen?
Ich finde die Größe 42 nicht. Könnten Sie mir helfen?
Wo ist die Kasse?
Ich hätte gerne ein Kilo Aprikosen.
Ich möchte ein Stück Brie.
Danke, das ist alles.
Was macht das?
Ich habe kein Kleingeld.
Danke, ich möchte keine Plastiktüte.

Im Restaurant/In der Kneipe

Ich habe einen Tisch für 4 Personen reserviert.
Was steht auf der Tageskarte?
Ich nehme das Menü zu 18 Euro.
Ich esse à la carte.
Ich nehme ein Steak, gut durchgebraten/medium/ blutig.
Könnte ich bitte noch ein wenig Brot/eine Karaffe Wasser haben?
Danke, wir nehmen keinen Nachtisch/Käse.
Als Nachtisch nehme ich ein Eis.
Welchen Wein würden Sie mir empfehlen?
Ich möchte gern zahlen.
Ich glaube, die Rechnung stimmt nicht ganz.

In der Touristeninformation

Könnten Sie mir bitte einen Stadtplan/Prospekte von der Umgebung/ein Hotelverzeichnis/ ein Verzeichnis der Privatzimmer geben?
Gibt es auch Führungen? Um wie viel Uhr?
Haben Sie einen Veranstaltungskalender für diese Woche/diesen Monat?
Wo kann ich die Eintrittskarten kaufen?
Könnten Sie mir auf dem Plan zeigen, wo der Eiffelturm ist?
Könnten Sie mir die Adresse und Telefonnummer der Autowerkstatt aufschreiben?
Ich hätte gerne Informationen zur Geschichte dieses Bauwerks.

Am Bahnhof/An der Bushaltestelle
Am Metro-Bahnsteig/Am Taxistand

Von welchem Gleis fährt der Zug nach Toulouse?
Wo kann ich meine Fahrkarte entwerten?
Es tut mir Leid, aber dieser Platz ist reserviert.
Soll ich Ihnen meine Reservierung zeigen?
Könnten Sie mir bitte mit dem Koffer helfen?
Entschuldigen Sie, aber Sie sind hier im Nichtraucher-Abteil.
Dürfte ich eine Quittung haben?
Haben Sie einen Metro-Plan?
Eine Metrofahrte/10 Fahrkarten, bitte.
Mit welcher Linie kann ich zum Louvre fahren?/Wo muss ich umsteigen?
Gibt es eine Metro-Station/eine Bushaltestelle in der Nähe?

Grammatikterminologie

Erklärung der grammatischen Bezeichnungen

Verwendete Bezeichnung	Weitere Bezeichnungen	Deutsches Beispiel	Französisches Beispiel
Adjektiv	Eigenschaftswort	*groß, klein*	*petit, grand*
adverbiale Bestimmung	Umstandsbestimmung (der Zeit, des Ortes)	*dieses Wochenende, in Frankreich*	*ce week-end, en France*
Artikel **– bestimmter** **– unbestimmter**	Geschlechtswort	 *der, die, das* *ein, eine*	 *le, la, l', les* *un, une, des*
Aussagesatz	—	*Er kommt.*	*Il vient.*
Fragewort	Fragebegleiter und Fragepronomen	*welcher? welche? wer?*	*quel ? quelle ? qui ?*
Grundzahlen	—	*eins, zwei, drei*	*un, deux, trois*
Hilfsverb	Hilfszeitwort	Ich *bin* angekommen. Ich *habe* gelernt.	Je *suis* arrivée. J'*ai* appris.
Höflichkeitsform	Sie-Form	*Sie, Ihnen, Ihr*	*vous, votre*
Imperativ	Befehlsform	*Warte! Hören Sie zu!*	*Attends. Ecoutez.*
Infinitiv	Grundform (des Verbs), Nennform	*gehen, essen*	*aller, manger*
Intonationsfrage	—	—	*Tu viens ?*
Inversionsfrage	—	*Kommst du?*	*Viens-tu ?*
ein Verb konjugieren	ein Verb beugen	(er) *geht*, (sie) *gehen*	(il) *va*, (ils) *vont*
Konjunktion	Bindewort	*und, aber, oder* *daß, ob*	*et, mais, ou* *que, si*
Konsonant	Mitlaut	*b, d, f, g, ...*	*b, d, f, g, ...*
Lautschrift	phonetische Umschrift	—	[paʀle]
Neutrum	sächliches Wort	*das Haus*	—
Objekt **– direktes**	Ergänzung im Akkusativ (im Frz. ohne Präposition)	*jemanden* lieben, *etwas* essen	aimer *quelqu'un*, manger *quelque chose*
Objekt **– indirektes**	Ergänzung im Dativ (im Frz. mit Präposition)	*jemandem* etwas sagen	dire qc *à quelqu'un*
Objektpronomen	Stellvertreter einer Ergänzung	Kannst du *mir* ... geben ? Ich liebe *dich*.	Tu peux *me* donner... ? Je *t'*aime.
Personalpronomen **– verbunden (unbetont)** **– unverbunden (betont)**	persönliches Fürwort	 *ich, du, Sie* *ich, du, Sie*	 *je, tu, vous* *moi, toi, vous*

Verwendete Bezeichnung	Weitere Bezeichnungen	Deutsches Beispiel	Französisches Beispiel
Plural	Mehrzahl	*die Häuser, Autos*	*les maisons, des voitures*
Possessivbegleiter	besitzanzeigendes Fürwort	*mein* Garten, *dein* Haus	*mon* jardin, *ta* maison
Prädikat	Satzaussage	Er *ist groß.* Die Touristen *schauen* sich den Garten an.	Il *est grand.* Les touristes *regardent* le jardin.
Präposition	Verhältniswort	*auf, in, unter*	*sur, dans, sous*
Präsens	Gegenwart	Du *schreibst.*	Tu *écris.*
Singular	Einzahl	*der Baum, ein Kind*	*l'arbre, un enfant*
Subjekt	Satzgegenstand	*Der Tourist* besichtigt das Haus von Monet.	*Le touriste* visite la maison de Monet.
Substantiv	Hauptwort, Nomen	die *Malerei*	la *peinture*
Verb	Zeit-, Tätigkeitswort	*essen, gehen*	*manger, aller*
Vokal	Selbstlaut	*a, e, i, o, u, y*	*a, e, i, o, u, y*

Lautschrift

Die Laute im Französischen

VOKALE

Laut in phonetischer Umschrift	Deutsches Beispiel	Französische Beispiele
[a]	Mann	Madame, tu as, chat, à demain, femme
[ɑ]	—	gâteau, foie gras
[ɑ̃]	—	champagne, banque, grand, dans, restaurant, comment, en, temps
[e]	Schnee	aimer, répéter, les, et, écoutez, plaisir
[ɛ]	ändern	très, mer, il fait, s'il vous plaît, français, crêpe, Seine, tu es, il est
[ɛ̃]	—	demain, peinture, bien, important, intéressant, vingt, un, parfum
[ə]	bitte	je, regarde, nous prenons, ne...pas, de
[i]	viel	merci, île, lit, égoïste, Italie, gentil, y
[o]	Boden	aussi, chaud, il faut, faux, beau, Bordeaux, rose, allô, trop, gros, bistrot
[ɔ]	offen	offrir, hôpital, maximum
[ɔ̃]	—	non, pont, nom, pompiers, nombre
[ø]	böse	jeudi
[œ]	Wörter	Deneuve, cœur
[u]	gut, Butter	ou, où, beaucoup, goût, vous
[y]	Mühe, süß	nature, rue, salut, jus

HALBVOKALE

Laut in phonetischer Umschrift	Deutsches Beispiel	Französische Beispiele
[j]	Million	bien, travail, il y a
[ɥ]	—	nuit, je suis
[w]	—	week-end, jouer

KONSONANTEN

Laut in phonetischer Umschrift	Deutsches Beispiel	Französische Beispiele
[b]	**B**uch	**b**eau, ro**b**e
[d]	**D**ose	ma**d**ame, gran**d**e
[f]	**F**arbe	**f**emme, **ph**oto
[g]	**G**arten	re**g**arder, collè**gue**
[ʒ]	**J**ournalist	bon**j**our, les **g**ens, nous man**ge**ons
[k]	**K**anne	**c**ours, **k**ilo, **qu**i, Muni**ch**
[l]	**L**iebe	**l**ivre
[m]	**M**und	**m**ade**m**oiselle
[n]	**N**ase	**n**om
[ɲ]	—	monta**gn**e
[ŋ]	la**ng**	campi**ng**
[p]	**P**olitik	**p**arler
[ʀ]	—	**r**ose, bo**rd**
[s]	wei**ß**	**c**inéma, fran**ç**ais, na**t**ionalité, di**x**
[z]	**S**onne	mai**s**on, dou**z**e
[ʃ]	Fi**sch**	**ch**er**ch**er
[t]	**T**ag	**t**able, **th**é
[v]	**V**itamin	**v**in, **w**agon

1.3

Die Grundzahlen von 1 bis 20

0 zéro	[zeRo]						
1 un	[ɛ̃]	6 six	[sis]	11 onze	[ɔ̃z]	16 seize	[sɛz]
2 deux	[dø]	7 sept	[sɛt]	12 douze	[duz]	17 dix-sept	[dissɛt]
3 trois	[tRwa]	8 huit	[ɥit]	13 treize	[tRɛz]	18 dix-huit	[dizɥit]
4 quatre	[katR]	9 neuf	[nœf]	14 quatorze	[katɔRz]	19 dix-neuf	[diznœf]
5 cinq	[sɛ̃k]	10 dix	[dis]	15 quinze	[kɛ̃z]	20 vingt	[vɛ̃]

Achtung!
Bei *six* und *dix* ändert sich die Aussprache, wenn ein Substantiv folgt.
Le bureau numéro six [sis], *le numéro dix* [dis], aber *six croissants* [si kRwasɑ̃] und *dix croissants* [di kRwasɑ̃].
Vor Vokal und „stummem h" werden *six* und *dix* in der Aussprache gebunden:
six‿accents [siz‿aksɑ̃] und *dix‿illustrateurs* [diz‿ilystRatœR].

2.4

Die Personalpronomen (Subjekt)

Singular:		
1. Person	**je/ j'**	ich
2. Person	**tu**	du
3. Person	**il**	er
	elle	sie
	on	man/ wir
Plural:		
1. Person	**nous**	wir
2. Person	**vous**	ihr/ Sie
3. Person	**ils**	sie
	elles	

1. *Je* wird vor Vokal und „stummem h" zu *j'*:
   J'aime la France ; **j'**habite en France.
   Ich liebe Frankreich; ich wohne in Frankreich.
2. Das Personalpronomen *on*, das zusammen mit *il/elle* die 3. Person Singular bildet, hat zwei Bedeutungen:
   a) Es kann einerseits „man" heißen:
   En France, **on** parle français.
   In Frankreich spricht man Französisch.
   b) Andererseits wird *on* in der gesprochenen Sprache häufig in der Bedeutung von *nous* „wir" verwendet (vgl. **S. 37**):
   On va au restaurant ?
   Gehen wir ins Restaurant?
3. *Vous* hat im Französischen zwei Bedeutungen:
   a) Wenn man mehrere Personen duzt, steht *vous* in der Bedeutung von „ihr".
   b) Wird eine oder werden mehrere Personen gesiezt, wird *vous* in der Bedeutung von „Sie" (Höflichkeitsform) verwendet.
   Der Satz *Vous voyagez beaucoup.* kann also „Ihr reist viel." oder „Sie reisen viel." bedeuten.

   Achtung!
   Auch als Höflichkeitsform wird *vous* nicht groß geschrieben.
4. *Elles* steht für ein weibliches Substantiv im Plural. *Ils* kann sowohl auf ein männliches Substantiv im Plural als auch auf Substantive verschiedenen Geschlechts (wie etwa *Paul et Anne*) verweisen.

2.5

Die Verben auf *-er*

	parl**er**	[paʀ**le**]	
Je	parle	[paʀl]	allemand.
Tu	parles	[paʀl]	français ?
Il / Elle / On	parle	[paʀl]	italien.
Nous	parl**ons**	[paʀl**ɔ̃**]	allemand.
Vous	parl**ez**	[paʀ**le**]	allemand et français ?
Ils / Elles	parlent	[paʀl]	français et italien.

Ebenso:
adorer
aimer
regarder
rester
travailler
die meisten anderen Verben auf *-er*

1. Nur bei *nous* und *vous* sowie beim Infinitiv werden die Endungen ausgesprochen (vgl. Fettmarkierung bei der Lautschrift).

Achtung!

2. Vor *a* und *o* fügt man zur Erhaltung der Aussprache bei den Verben auf *-ger* ein *e* ein, bei den Verben auf *-cer* wird *c* zu *ç*:
manger → nous man**ge**ons (essen, wir essen)
voyager → nous voya**ge**ons (reisen, wir reisen)
commencer → nous commen**ç**ons (beginnen, wir beginnen)

2.6

§1 Das Substantiv und der bestimmte Artikel

	männlich		**weiblich**	
	vor Konsonant	vor Vokal vor „stummem h"	vor Konsonant	vor Vokal vor „stummem h"
Singular	**le** restaurant	**l'**Allemand **l'**hôtel	**la** baguette	**l'**autoroute **l'**harmonie
Plural	**les** restaurants	**les**‿Allemands **les**‿hôtels	**les** baguettes	**les**‿autoroutes **les**‿harmonies

1. Der bestimmte Artikel heißt im Singular in der männlichen Form *le*, in der weiblichen Form *la*. Vor Vokal und „stummem h" werden *le* und *la* zu *l'*. Der Plural von *le*, *la* und *l'* lautet *les*.
2. Achten Sie auf die Aussprache: les‿Allemands [lez‿almɑ̃] les‿autoroutes [lez‿otoʀut]
les‿hôtels [lez‿otɛl] les‿harmonies [lez‿aʀmɔni]
3. Im Französischen sind die Substantive entweder männlich oder weiblich. Ein Neutrum wie im Deutschen gibt es nicht. Da man häufig nur am Artikel erkennen kann, ob ein Substantiv männlich oder weiblich ist, sollte dieser immer mitgelernt werden: ***la** place* = **der** Platz, ***la** bière* = **das** Bier.

4. Im Französischen erhalten die Substantive normalerweise ein *-s* im Plural *(la baguette → les baguettes)*. Einige Substantive haben allerdings eine unregelmäßige Pluralbildung. So etwa die Substantive, die auf *-au* oder *-eau* enden. Sie bilden den Plural auf *-x*, das genauso stumm ist wie die Endung auf *-s*: *le gâteau → les gâteaux*.

5. Anders als im Deutschen steht im Französischen der Artikel
   a) bei Ländernamen:

La France est en Europe.	M. Duroc visite **l'**Allemagne.
Frankreich ist in Europa.	Herr Duroc besucht Deutschland.

   b) nach *aimer* und *adorer*:

J'aime **la** choucroute.	Il adore **le** fromage.
Ich mag Sauerkraut.	Er mag sehr gern Käse.

   c) vor den Wochentagen, wenn angezeigt werden soll, dass etwas immer wieder am gleichen Tag geschieht:
   Le dimanche, je reste au lit.
   Sonntags/ Jeden Sonntag bleibe ich im Bett (vgl. **S. 70**).

Die neuen Verben der Lektion finden Sie in der Verbliste auf Seite 123!

§2 Das Verb *être*

	être	[ɛtʀ]	
Je	**suis**	[ʒə sɥi]	Jacqueline.
Tu	**es**	[ty ɛ]	Français ?
Il / Elle / On	**est**	[il ɛ] / [ɛl ɛ] / [ɔ̃n‿ɛ]	à l'opéra.
Nous	**sommes**	[nu sɔm]	au restaurant.
Vous	**êtes**	[vuz‿ɛt]	en Allemagne ?
Ils / Elles	**sont**	[il sɔ̃] / [ɛl sɔ̃]	en France.

1. Neben den regelmäßigen Verben (vgl. z. B. **S. 116**) gibt es im Französischen auch unregelmäßige Verben. Zu diesen zählt das nebenstehende Verb *être*.

2. **Achtung!**
   Vous êtes wird wie ein Wort ausgesprochen: [vuz‿ɛt]. Damit die Bindung in der Aussprache zwischen *vous* und *êtes* nicht vergessen wird, steht in Lehrbüchern manchmal ein Bogen ‿, der die beiden Wörter verbindet.

3.7

§1 Die Verneinung

Die französische Verneinung wird mit den beiden Elementen *ne* und *pas* gebildet. *Ne*, das vor Vokal und „stummem h" zu *n'* wird, steht **vor** dem konjugierten Verb, *pas* steht dahinter:

Il	**ne**	pleut	**pas**.		Es regnet nicht.
Il	**ne**	fait	**pas**	beau.	Das Wetter ist nicht schön.
Le temps	**n'**	est	**pas**	formidable.	Das Wetter ist nicht toll.
On	**n'**	aime	**pas**	le vin.	Wir mögen keinen Wein.

§2 Das Adjektiv

Das Adjektiv stimmt mit dem Substantiv in Geschlecht und Zahl überein (auch wenn es nach dem Verb steht):

		männlich			**weiblich**	
Singular	Il est	petit	[p(ə)ti].	Elle est	petite	[p(ə)tit].
	Il est	ravi	[ʀavi].	Elle est	ravie	[ʀavi].
	Le croissant est	chaud	[ʃo].	La quiche est	chaude	[ʃod].
Plural	Ils sont	petits	[p(ə)ti].	Elles sont	petites	[p(ə)tit].
	Ils sont	ravis	[ʀavi].	Elles sont	ravies	[ʀavi].
	Les croissants sont	chauds	[ʃo].	Les quiches sont	chaudes	[ʃod].

1. Die weibliche Form des Adjektivs erhält man gewöhnlich, indem man an die männliche Form ein *-e* anhängt (*petit → petite; chaud → chaude*); der Plural ist durch ein *-s* gekennzeichnet (*petit → petits; petite → petites; chaud → chauds; chaude → chaudes*). Bezieht sich das Adjektiv auf mehrere Substantive unterschiedlichen Geschlechts, so nimmt das Adjektiv die Form „männlich Plural" an, z. B. *Paul et Anne sont petits.*

   Ebenso:
   charmant, grand, réputé, allemand, français, passionnant

2. In der Aussprache bewirkt die weibliche Endung *-e* bei vielen Adjektiven, dass der letzte Konsonant hörbar wird (*chaud* [ʃo] → *chaude* [ʃod], *petit* [p(ə)ti] → *petite* [p(ə)tit]).

		männlich			**weiblich**	
Singular	Il est	formidable	[fɔʀmidabl(ə)].	Elle est	formidable	[fɔʀmidabl(ə)].
Plural	Ils sont	formidables	[fɔʀmidabl(ə)].	Elles sont	formidables	[fɔʀmidabl(ə)].

Die Adjektive, die wie *formidable* auf *-e* enden, sind in der männlichen und in der weiblichen Form gleich.
Ebenso:
optimiste, libre, magnifique, sympathique

		männlich			**weiblich**	
Singular	Le musée est	super	[sypɛʀ].	La ville est	super	[sypɛʀ].
Plural	Les musées sont	super	[sypɛʀ].	Les villes sont	super	[sypɛʀ].

Super zählt zu den wenigen Adjektiven, die grundsätzlich unveränderlich sind.

Ebenso:
sympa, chic. In der französischen Presse findet man allerdings heute schon häufig *sympa* mit einem *-s* im Plural: *sympas.*

	männlich		weiblich
	vor Konsonant	vor Vokal vor „stummem h"	
Singular	le **beau** marché [lə bo maʀʃe]	le **bel**‿hôtel [lə bɛl‿otɛl]	la **belle** ville [la bɛl vil]
Plural	les **beaux** marchés [le bo maʀʃe]	les **beaux**‿hôtels [le boz‿otɛl]	les **belles** villes [le bɛl vil]

Vorsicht beim Adjektiv *beau*! Es gibt eine zweite männliche Form *bel* vor Vokal oder „stummem h" *(le bel hôtel)*. Die weibliche Form bleibt in diesem Fall unverändert *(la belle autoroute)*.
Wie die Substantive, die auf *-eau* enden (vgl. **S. 117, 2.6 §1,4**), bilden männliche Adjektive auf *-eau* den Plural mit *-x*.

	männlich	weiblich	männlich	weiblich
Singular	le **premier** contact [lə pʀəmje kɔ̃takt]	la **première** voiture [la pʀəmjɛʀ vwatyʀ]	le **gros** chien [lə gʀo ʃjɛ̃]	la **grosse** moto [la gʀos moto]
Plural	les **premiers** contacts [le pʀəmje kɔ̃takt]	les **premières** voitures [le pʀəmjɛʀ vwatyʀ]	les **gros** chiens [le gʀo ʃjɛ̃]	les **grosses** motos [le gʀos moto]

1. Adjektive, die auf *-er* enden, bilden die weibliche Form mit *-ère (premier → première)*.

Ebenso:
cher → chère

2. Adjektive, deren männliche Singularform wie *gros* mit *-s* endet, erhalten kein weiteres Plural *-s*.

3.8

§1 Die Entscheidungsfrage

Bei einer Entscheidungsfrage antwortet die gefragte Person mit *oui* oder *non*. Man unterscheidet im Französischen drei Typen der Fragestellung:

Il est Français ?	Intonationsfrage
Est-ce qu'il est Français ?	*Est-ce que*-Frage
Est-il Français ?	Inversionsfrage

1. Die **Intonationsfrage** ist nur durch die Intonation, d. h. die Satzmelodie, von einem Aussagesatz zu unterscheiden: *Il est Français. → Il est Français ?*
2. Die ***Est-ce que*-Frage** ist durch das einleitende *Est-ce que* gekennzeichnet. Wie bei der Intonationsfrage entspricht die Stellung der Satzglieder dem Aussagesatz.
3. Die **Inversionsfrage**: Das Subjekt tritt hinter das Verb und wird an dieses mit einem Bindestrich angehängt. Diese Frageform kann verwendet werden, wenn das Subjekt ein Pronomen ist.

Achtung!
In der gesprochenen Sprache ist die Intonationsfrage die häufigste Frageform. Während die *Est-ce que*-Frage sowohl in der gesprochenen als auch in der geschriebenen Sprache möglich ist, entspricht die Inversionsfrage einem gehobenen Sprachniveau und wird vorrangig in der Schriftsprache verwendet.

§2 Die Grundzahlen von 21 bis 1000 und mehr

21	vingt et un	70	soixante-dix*	200	deux cents
22	vingt-deux	71	soixante et onze	201	deux cent un
23	vingt-trois	72	soixante-douze	1000	mille
30	trente	80	quatre-vingts*	1001	mille un
31	trente et un	81	quatre-vingt-un (kein *et*)	2000	deux mille
32	trente-deux	90	quatre-vingt-dix*	2030	deux mille trente
40	quarante	91	quatre-vingt-onze	1 000 000	un million
41	quarante et un	100	cent	1 500 000	un million cinq cent mille
50	cinquante	101	cent un	2 000 000	deux millions
51	cinquante et un	102	cent deux	2 780 000	deux millions sept cent quatre-vingt mille
60	soixante	110	cent dix		
61	soixante et un	180	cent quatre-vingts		

Achtung!
Bei *quatre-vingts* und den vollen Hundertern (z. B. *trois cents)* fällt das *-s* weg, wenn eine weitere Zahl folgt: *quatre-vingt-huit; trois cent quatre.*
Mille ist unveränderlich; es erhält kein *-s* im Plural: *mille; quatre mille; vingt mille.*

* Die Sonderformen *septante* für 70 und *nonante* für 90 werden in Belgien und in der französischsprachigen Schweiz verwendet; *huitante* für 80 kommt nur in der französischsprachigen Schweiz vor.

Die neuen Verben der Lektion finden Sie in der Verbliste auf Seite 123!

3.9

Das Verb *avoir*

	avoir	[avwaʀ]	
J'	**ai**	[ʒe]	30 ans.
Tu	**as**	[ty a]	un pastis ?
Il / Elle / On	**a**	[il a] / [ɛl a] / [ɔ̃n‿a]	de la chance.
Nous	**avons**	[nuz‿avɔ̃]	une maison.
Vous	**avez**	[vuz‿ave]	des glaçons ?
Ils / Elles	**ont**	[ilz‿ɔ̃] / [ɛlz‿ɔ̃]	des projets.

Beachten Sie die Aussprache von

ils‿**ont** [ilz‿ɔ̃]
elles‿**ont** [ɛlz‿ɔ̃] } [z] wie in Vase
sie haben

Il **a** 86 ans.
Er **ist** 86 Jahre alt.

ils **sont** [il sɔ̃]
elles **sont** [ɛl sɔ̃] } [s] wie in Tasse
sie sind

4.10

§1 Der unbestimmte Artikel

	männlich	weiblich
Singular	**un** melon eine Melone **un**‿ananas eine Ananas	**une** pomme ein Apfel **une** orange eine Orange
Plural	**des** melons Melonen **des**‿ananas Ananas	**des** pommes Äpfel **des**‿oranges Orangen

Zum bestimmten Artikel vgl. **S. 116**

1. Die männliche Form des unbestimmten Artikels im Singular lautet *un*, die weibliche Form *une*.
2. Anders als das Deutsche hat das Französische eine Pluralform des unbestimmten Artikels. Sie heißt für beide Geschlechter *des*.
3. Vor Vokal und „stummem h" werden die unbestimmten Artikel in der Aussprache immer gebunden: *un‿apéritif* [ɛ̃n‿apeʀitif], *des‿apéritifs* [dez‿apeʀitif].

§2 Das Verb *vouloir*

	vouloir	[vulwaʀ]	
Je	**veux**	[vø]	partir pour le week-end.
Tu	**veux**	[vø]	une grande maison.
Il / Elle / On	**veut**	[vø]	un digestif.
Nous	**voulons**	[vulɔ̃]	rester à la maison.
Vous	**voulez**	[vule]	un melon au porto ?
Ils / Elles	**veulent**	[vœl]	des vacances.

Achtung!
Das Verb *vouloir* endet im Singular auf *-x, -x, -t*.

§3 Das Verb *prendre*

	prendre	[pʀɑ̃dʀ]	
Je	**prends**	[pʀɑ̃]	l'apéritif.
Tu	**prends**	[pʀɑ̃]	le métro ?
Il / Elle / On	**prend**	[pʀɑ̃]	un café.
Nous	**prenons**	[pʀənɔ̃]	des croissants au petit-déjeuner.
Vous	**prenez**	[pʀəne]	le taxi.
Ils / Elles	**prennent**	[pʀɛn]	un dessert.

Ebenso: **comprendre** (verstehen):
Je ne comprends pas.
apprendre (lernen):
Nous apprenons le français.

Achtung!
Das Verb *prendre* endet im Singular auf *-s, -s, -d*.

Beachten Sie die Aussprache von *nous prenons, vous prenez*:
mit einem *-n* → [ən]
aber: *ils/elles prennent*
mit zwei *-n* → [ɛn].

4.11

Das Verb *venir*

	venir	[vəniʀ]	
Je	**viens**	[vjɛ̃]	à Paris en train.
Tu	**viens**	[vjɛ̃]	pour le week-end chez nous ?
Il / Elle / On	**vient**	[vjɛ̃]	demain soir.
Nous	**venons**	[v(ə)nɔ̃]	de Belgique.
Vous	**venez**	[v(ə)ne]	avec nous ?
Ils / Elles	**viennent**	[vjɛn]	bientôt.

Achtung!
Das Verb *venir* endet im Singular auf *-s, -s, -t.*

4.12

§1 Die Farbadjektive

	männlich	**weiblich**
Singular	un costume vert un costume jaune un costume marron	une robe vert**e** une robe jaune une robe marron
Plural	des costume**s** vert**s** des costume**s** jaune**s** des costume**s** marron	des robe**s** vert**es** des robe**s** jaune**s** des robe**s** marron

1. Farbadjektive verhalten sich grundsätzlich wie andere Adjektive auch (vgl. **S. 118, 119**). Sie richten sich also in Geschlecht und Zahl nach dem Substantiv, das sie näher bestimmen (so z. B. *vert/-e, noir/-e, bleu/-e, violet/-te, blanc/ blanche).*
2. *Jaune* und *rouge* enden in der männlichen Form auf *-e* und haben folglich keine eigene weibliche Form. Den Plural bilden sie mit *-s.*
3. Farbadjektive, die aus Substantiven (wie z. B. aus Früchten) abgeleitet werden, sind unveränderlich: *une veste* ***marron*** und *des robes* ***orange***.
4. Farbadjektive stehen nach dem Substantiv.

§2 Die Präpositionen und Adverbien des Ortes

Le téléphone est **à côté**, **dans** la salle à manger.	Das Telefon ist nebenan, im Esszimmer
Le numéro de téléphone est **sur** la table,	Die Telefonnummer ist auf dem Tisch,
sous le livre de Simenon.	unter dem Buch von Simenon.
La salle de bains est **à gauche**, les W.-C. sont **à droite.**	Das Bad ist links, die Toilette ist rechts.
Le jardin est **devant** la maison, le garage est **derrière.**	Der Garten befindet sich vor dem Haus, die Garage dahinter.
Entre l'armoire **et** la table, il y a une chaise.	Zwischen dem Schrank und dem Tisch steht ein Stuhl.

Die neuen Verben der Lektion finden Sie in der Verbliste auf Seite 123!

VERBTABELLE + VERBLISTE

Konjugationsmuster der französischen Verben (Präsens)

Regelmäßige Verben

aimer	
j'	aime
tu	aimes
il/elle/on	aime
nous	aimons
vous	aimez
ils/elles	aiment

Ebenso: adorer, aider, cocher, écouter, embrasser, entrer, fêter, habiter, inviter, jouer, parler, penser, proposer, raconter, refuser, regarder, remercier, rester, souhaiter, téléphoner, travailler, visiter

manger	
je	mange
tu	manges
il/elle/on	mange
nous	mangeons
vous	mangez
ils/elles	mangent

Ebenso: voyager, neiger

commencer	
je	commence
tu	commences
il/elle/on	commence
nous	commençons
vous	commencez
ils/elles	commencent

Unregelmäßige Verben

aller	
je	vais
tu	vas
il/elle/on	va
nous	allons
vous	allez
ils/elles	vont

avoir	
j'	ai
tu	as
il/elle/on	a
nous	avons
vous	avez
ils/elles	ont

être	
je	suis
tu	es
il/elle/on	est
nous	sommes
vous	êtes
ils/elles	sont

prendre	
je	prends
tu	prends
il/elle/on	prend
nous	prenons
vous	prenez
ils/elles	prennent

Ebenso: apprendre, comprendre

venir	
je	viens
tu	viens
il/elle/on	vient
nous	venons
vous	venez
ils/elles	viennent

vouloir	
je	veux
tu	veux
il/elle/on	veut
nous	voulons
vous	voulez
ils/elles	veulent

Liste der französischen Verben

In dieser Verbliste sind einige in den Lektionen vorkommenden regelmäßigen und unregelmäßigen Verben in alphabetischer Folge aufgeführt.

adorer	sehr gern haben
aider	helfen
aimer	lieben, gern haben
aller	gehen
apprendre	lernen
avoir	haben
commencer	beginnen
comprendre	verstehen
embrasser	küssen, umarmen
entrer	eintreten
être	sein
fêter	feiern
habiter	wohnen
inviter	einladen
jouer	spielen
manger	essen
neiger	schneien
parler	reden
penser	denken
prendre	nehmen
proposer	vorschlagen
raconter	erzählen
refuser	ablehnen
regarder	anschauen
remercier	sich bedanken
rester	bleiben
souhaiter	wünschen
téléphoner	anrufen
travailler	arbeiten
venir	kommen
visiter	besichtigen
vouloir	wollen
voyager	reisen

1.1 WÖRTERVERZEICHNIS

Französisch-deutsches Wörterverzeichnis nach Lektionen

- Sie finden hier die neuen Wörter und Ausdrücke der Lektionen in der Reihenfolge ihres Vorkommens. Dieses Wörterverzeichnis ist als Verstehenshilfe und zum Nachschlagen gedacht. Sie müssen nicht alles aktiv beherrschen.
- Die **fett** markierten Wörter entsprechen der Wortliste des revidierten VHS-Zertifikats (= *certificat européen de langues/du français*).
- Die französischen Übungsanweisungen wurden zur besseren Übersicht in einer Tabelle am Ende des Vokabulars zusammengestellt und ins Deutsche übersetzt.
- Die Lautschrift richtet sich nach den Regeln der *Association Phonétique Internationale* (*API*), wobei auf Darstellung der Längen, Pausen etc. verzichtet wurde.

Abkürzungen

Abk.	= Abkürzung	ÜA	= Anhang
adj	= Adjektiv	RVA	= Rendez-vous d'Affaires
adv	= Adverb	E	= Entracte
f	= feminin, weiblich		
Inf	= Infinitiv		
m	= maskulin, männlich		
Pl	= Plural, Mehrzahl		
qn	= *quelqu'un* (= jemand/en/em)		
qch	= *quelque chose* (etwas)		
vgl	= vergleichbar mit		

Bienvenue ! [bjɛ̃vny]	Willkommen!
(le) plaisir [lə pleziʀ]	Vergnügen
merci [mɛʀsi]	danke
(le) café au lait [lə kafeolɛ]	Milchkaffee
(le) métro [lə metʀo]	U-Bahn
(la) baguette [la bagɛt]	*Stangenweißbrot*
(la) chanson [la ʃɑ̃sɔ̃]	Lied
(le) camembert [lə kamɑ̃bɛʀ]	*frz. Weichkäse*
(le) rendez-vous [lə ʀɑ̃devu]	Verabredung
(le) mannequin [lə mankɛ̃]	Mannequin
(le) charme [lə ʃaʀm]	Charme, Reiz
(le) champignon [lə ʃɑ̃piɲɔ̃]	Pilz

1

Premiers contacts [pʀəmje kɔ̃takt]	erste Kontakte
premier, -ière [pʀəmje, pʀəmjɛʀ]	erste, -r, -s
(le) contact [lə kɔ̃takt]	Kontakt
(la) salutation [la salytasjɔ̃]	Begrüßung
Bonjour ! [bɔ̃ʒuʀ]	Guten Tag! Guten Morgen!
Salut ! [saly]	Hallo! Grüß' dich! Tschüss!
Coucou ! [kuku]	Kuckuck!
a. Regardez les photos. (*Inf:* regarder) [ʀəgaʀde le fɔto]	Sehen Sie sich die Fotos an.
regarder [ʀəgaʀde]	(an-)schauen, ansehen
(la) photo [la fɔto]	Foto(grafie)
b. Ecoutez (*Inf:* **écouter**) et cochez (*Inf:* cocher). [ekute e kɔʃe]	Hören Sie zu und kreuzen Sie an.
écouter [ekute]	(zu)hören
et [e]	und
cocher [kɔʃe]	ankreuzen

1.1

1

a. (la) cassette [la kasɛt]	Kassette
(le) CD [lə sede]	CD
Je m'appelle... (*Inf:* **s'appeler**) [ʒə mapɛl...]	Ich heiße ...
...et **vous**? [e vu]	... und Sie/ Ihr?
Qui êtes-vous ? (*Inf:* être) [ki ɛt vu]	Wer sind Sie/ seid Ihr?
qui... ? [ki]	wer ... ?
Je suis... (*Inf:* être) [ʒə sɥi]	Ich bin ...
monsieur, *Abk.* M. [məsjø]	Herr
C'est vous !? [sɛ vu]	Sind Sie das?
Bon... [bɔ̃]	*hier*: Also gut ...
à **demain** [a d(ə)mɛ̃]	bis morgen
excusez-moi (*Inf:* **s'excuser**) [ɛkskyze mwa]	entschuldigen Sie mich
J'ai (*Inf:* avoir) rendez-vous. [ʒe ʀɑ̃devu]	Ich habe eine Verabredung.
au revoir ! [oʀəvwaʀ]	Auf Wiedersehen!
madame, *Abk.* Mme [madam]	Frau
Ça va ? (*Inf:* aller) [sa va]	Wie geht's?
Moi, c'est... [mwa sɛ]	Ich (*betont*) bin ...
et **toi**... [e twa]	und du (*betont*)
tu t'appelles (*Inf:*s'appeler) comment ? [ty tapɛl kɔmɑ̃]	wie heißt du?
comment... ? [kɔmɑ̃]	wie ... ?
mademoiselle [madmwazɛl]	Fräulein
b. (la) mascotte [la maskɔt]	Maskottchen
Ecoutez et lisez les dialogues. [ekute e lize le djalɔg]	Hören Sie die Dialoge und lesen Sie mit.
(le) dialogue [lə djalɔg]	Dialog, Gespräch
c. lisez (*Inf:* **lire**) [lize]	lesen Sie

2

complétez (*Inf:* compléter) [kɔ̃plete]	ergänzen Sie

5

a. **(la) question** [la kɛstjɔ̃]	Frage
pardon [paʀdɔ̃]	Entschuldigung, Entschuldigen Sie
b. **non** [nɔ̃]	nein

6

a. Ça va. (*Inf:* aller) [sa va] — Es geht.

9

pour le plaisir [puʀ lə pleziʀ] — zum Vergnügen
pour [puʀ] — für, zu, um ... zu
j'ai appris (*Inf:* apprendre) [je apʀi] — ich habe gelernt

RVA

(le) rendez-vous d'affaires [lə ʀɑ̃devu dafɛʀ] — geschäftliche Verabredung
(le/la) collègue [lə/la kɔlɛg] — Kollege, Kollegin
(le) buffet [lə byfɛ] — Buffet
(l')apéritif *m* [lapeʀitif] — Aperitif, „Magenöffner"
(le) crédit [lə kʀedi] — Kredit
(l')autobus *m* [lotobys] — (Stadt-)Bus
(l')aspirine *f* [laspiʀin] — Aspirin
(le) budget [lə bydʒɛ] — Budget, Haushaltsplan
(l')organigramme *m* [lɔʀganigʀam] — Organigramm
(la) production [la pʀɔdyksjɔ̃] — Produktion, Herstellung
(le) canapé [lə kanape] — Kanapee
(la) garantie [la gaʀɑ̃ti] — Garantie
(le) trottoir [lə tʀɔtwaʀ] — Bürgersteig, Trottoir
(le/la) secrétaire [lə/la səkʀetɛʀ] — Sekretär/in

1.2

Ça s'écrit comment ? [sa sekʀi kɔmɑ̃] — Wie schreibt man das?
ça [sa] — das

1

b. (l')alphabet *m* [lalfabɛ] — Alphabet

2

a. La place est libre ? [la plas ɛ libʀ] — Ist der Platz frei?
(la) place [la plas] — Platz
libre [libʀ] — frei
oui [wi] — ja
Vous pouvez (*Inf:* pouvoir) répéter, s'il vous plaît ? [vu puve ʀepete sil vu plɛ] — Könnten Sie das bitte wiederholen?
répéter [repete] — wiederholen
s'il vous plaît [sil vu plɛ] — bitte
l'illustrateur *m* [li(l)lystʀatœʀ] — Zeichner, Illustrator
relisez (*Inf:* relire) [ʀ(ə)lize] — lesen Sie noch einmal

3

allô [alo] — Hallo
je voudrais... (*Inf:* vouloir) [ʒə vudʀɛ] — ich hätte gerne ..., ich möchte
(le) numéro de téléphone [lə nymeʀo də telefɔn] — Telefonnummer
(le) numéro [lə nymeʀo] — Nummer, Ziffer
avec [avɛk] — mit
c'est... [sɛ] — das ist ...
je cherche (*Inf:* **chercher**) [ʒə ʃɛʀʃ] — ich suche
chercher [ʃɛʀʃe] — suchen
épeler [eple] — buchstabieren
un instant *m* [ɛ̃n‿ɛ̃stɑ̃] — Moment mal
Vous pouvez (*Inf:* pouvoir) me donner... ? [vu puve mə dɔne] — Könnten Sie mir ... geben?
comme [kɔm] — wie

4

(l')hôtel *m* [lotɛl] — Hotel
(la) bière [bjɛʀ] — Bier
b. Citroën [sitʀɔɛn] — *frz. Automarke*
(l')accent *m* [laksɑ̃] — Akzent
(la) fête [la fɛt] — Fest, Feier
(la) carrière [la kaʀjɛʀ] — Karriere
(le) thé [lə te] — Tee

5

(le) champagne [lə ʃɑ̃paɲ] — Champagner
(le) croissant [lə kʀwasɑ̃] — Croissant, Hörnchen
(la) lavande [la lavɑ̃d] — Lavendel
(le) théâtre [lə teatʀ] — Theater
(la) pyramide [la piʀamid) — Pyramide

7

a. numérotez (*Inf:* numéroter) [nymeʀɔte] — nummerieren Sie.

8

(la) banane [la banan] — Banane
(la) clémentine [la klemɑ̃tin] — Klementine, kernlose Mandarine
(l')éléphant *m* [lelefɑ̃] — Elefant
(la) famille [la famij] — Familie, Verwandtschaft
(la) géographie [la ʒeɔgʀafi] — Geografie
(l')harmonie *f* [laʀmɔni] — Harmonie
(l')initiative *f* [linisjativ] — Initiative
(le) judo [lə ʒydo] — Judo
(le) kilo [lə kilo] — Kilo(gramm)
(la) liste [la list] — Liste
(la) nation [la nasjɔ̃] — Nation, Volk
(l')orange *f* [lɔʀɑ̃ʒ] — Orange, Apfelsine
(le) papier [lə papje] — Papier
(la) qualité [la kalite] — Qualität
(la) république [la repyblik] — Republik
(la) situation [la sitɥasjɔ̃] — Situation
(la) tulipe [la tylip] — Tulpe
(l')union *f* [lynjɔ̃] — Union
(le) vase [lə vaz] — (Blumen)Vase
(le) wagon [lə vagɔ̃] — Waggon
(le) xylophone [lə gzilɔfɔn] — Xylofon
(le) yaourt [lə jauʀ(t)] — Joghurt
(la) zoologie [la zɔɔlɔʒi] — Zoologie

9

b. (l')amour *m* [lamuʀ] — Liebe
(le) bureau [lə byʀo] — Büro

RVA

(la) zone industrielle (*Abk.* Z.I.) [la zon ɛ̃dystʀijɛl] — Industriegebiet
(la) taxe à la valeur ajoutée (*Abk.* T.V.A.) [la taks a la valœʀ aʒute] — Mehrwertsteuer

(la) taxe [la taks]	Steuer
(le) président-directeur général (*Abk.* P.D.G.) [lə pRezidɑ̃ diRɛktœR ʒeneRal]	Vorstandsvorsitzender
(les) petites et moyennes entreprises *f, Pl* (*Abk.* P.M.E.) [le p(ə)titz‿emwajɛnz‿ɑ̃tRəpRiz]	kleinere und mittelständische Betriebe
(l')entreprise *f* [lɑ̃tRəpRiz]	Unternehmen
(le) train à grande vitesse (*Abk.* T.G.V.) [lə tRɛ̃ a gRɑ̃d vitɛs]	ICE (Hochgeschwindigkeitszug)
(le) train [lə tRɛ̃]	Zug
(la) vitesse [la vitɛs]	Geschwindigkeit
(le) curriculum vitae (*Abk.* C.V.) [lə kyRikylɔm vite]	Lebenslauf
(la) société à responsabilité limitée (*Abk.* S.A.R.L.) [la sɔsjete a rɛspɔ̃sabilite limite]	Gesellschaft mit beschränkter Haftung (GmbH)
(la) société [la sɔsjete]	Gesellschaft
(la) responsabilité [la rɛspɔ̃sabilite]	Verantwortung

1.3

Deux ou quatre ? [dø u katR]	Zwei oder vier?

1

écrivez (*Inf:* **écrire**) [ekRive]	schreiben Sie
six [sis]	sechs
sept [sɛt]	sieben
huit [ɥit]	acht
neuf [nœf]	neun
dix [dis]	zehn
cinq [sɛ̃k]	fünf
quatre [katR]	vier
trois [tRwa]	drei
deux [dø]	zwei
un [ɛ̃]	eins

3

a. nous sommes [nu sɔm]	wir sind
dans [dɑ̃]	in
(le) groupe [lə gRup]	Gruppe
il mange [il mɑ̃ʒ]	er isst
au **petit-déjeuner** *m* [o p(ə)tideʒœne]	zum Frühstück
à la télé [a la tele]	im Fernsehen
il y a [ilja]	es gibt
un bon **film** *m* [ɛ̃ bɔ̃ film]	ein guter Film
sur la deux [syR la dø]	im Zweiten (Programm)
je suis né(e) [ʒə sɥi ne]	ich bin geboren
le huit avril [lə ɥit avRil]	am achten April
(la) chambre [la ʃɑ̃bR]	(Schlaf)Zimmer
(le) livre [lə livR]	Buch
(la) page [la paʒ]	Seite

4

a. Ça fait combien ? [sa fɛ kɔ̃bjɛ̃]	Was macht das?
ça fait... [sa fɛ]	das macht ...
onze [ɔ̃z]	elf
douze [duz]	zwölf
treize [tRɛz]	dreizehn
quatorze [katɔRz]	vierzehn
quinze [kɛ̃z]	fünfzehn
seize [sɛz]	sechzehn
dix-sept [dissɛt]	siebzehn
dix-huit [dizɥit]	achtzehn
dix-neuf [diznœf]	neunzehn
vingt [vɛ̃]	zwanzig
c. l'euro *m* [løRo]	Euro
j'ai treize ans [ʒe tRɛz‿ɑ̃]	ich bin dreizehn (Jahre alt)
C'est à 12 stations de métro. [sɛt‿a duz(ə) stasjɔ̃ də metRo]	Das ist 12 Metrostationen von hier.
(la) porte [la pɔRt]	Tür
J'ai une Citroën de 15 ans. [ʒe yn sitRɔɛn də kɛ̃z‿ɑ̃]	Ich habe einen 15 Jahre alten Citroën.
(l')album *m* [lalbɔm]	Schallplatte, LP

5

(la) bise [la biz]	*zwei oder mehr Küsschen auf die Wangen zur Begrüßung oder zum Abschied*
(le) rap [lə Rap]	Rap-Musik

6

Jouez. (*Inf*: **jouer**) [ʒwe]	Spielen Sie.
C'est **plus**. [sɛ plys]	Es/Das ist mehr.
C'est **moins**. [sɛ mwɛ̃]	Es/Das ist weniger.
C'est ça. [sɛ sa]	Genau. Das stimmt.

7

a. **ou** [u]	oder
j'ai (*Inf*: **avoir**)... [ʒe]	ich habe ...
(une) voiture *f* [yn vwatyR]	ein Auto
(une) maison *f* [yn mɛzɔ̃]	ein Haus
vous avez [vuz‿ave]	Sie haben
aussi [osi]	auch
(une) moto *f* [yn moto]	ein Motorrad
être [ɛtR(ə)]	sein

8

a. **(un) appartement** *m* [ɛ̃n‿apaRtəmɑ̃]	eine Wohnung, ein Appartement
(un) chien *m* [ɛ̃ ʃjɛ̃]	ein Hund
(un) chat *m* [ɛ̃ ʃa]	eine Katze
(un) vélo *m* [ɛ̃ velo]	ein Fahrrad
(un) bateau *m* [ɛ̃ bato]	ein Boot

ÜA 2

touché [tuʃe]	getroffen
coulé [kule]	versenkt
(le) coup dans l'eau [lə ku dɑ̃ lo]	*hier:* Wasser, leeres Feld

RVA

(l')ingénieur *m* [lɛ̃ʒenjœR]	Ingenieur
(le) marketing [lə maRkətiŋ]	Marketing
(l')architecte *m/f* [larʃitɛkt]	Architekt/in
(le) département [lə depaRtəmɑ̃]	*Departement;* frz. Verwaltungsbezirk; *hier:* Abteilung
(l')informatique *f* [lɛ̃fɔRmatik]	Informatik
(la) télécopie [la telekɔpi]	Fax

(le) téléphone portable [lə telefɔn pɔʀtabl(ə)]	Mobiltelefon, Handy

2

Connaître, c'est aimer [kɔnɛtʀə sɛ eme]	Es kennen heißt es lieben.
Vous connaissez...? (*Inf*: **connaître**) [vu kɔnɛse]	Kennen Sie ... ?
(la) France [la fʀɑ̃s]	Frankreich
(la) Corse [la kɔʀs]	Korsika
(la) carte [la kaʀt]	(Land)Karte
moi, j'aime... [mwa ʒɛm]	ich (*betont*) mag ...

2.4

1

a. **pourquoi** ? [puʀkwa]	warum?
vous aimez (*Inf*: **aimer**) [vuz‿eme]	Sie mögen, Sie lieben
alors moi [alɔʀ mwa]	also ich (*betont*)
tout **d'abord** [tu dabɔʀ]	zuallererst
parce que [paʀskə]	weil
(le) climat [lə klima]	Klima
Le climat est super. [lə klima ɛ sypɛʀ]	Das Klima ist spitze.
Je trouve que... [ʒə tʀuv kə]	Ich finde, dass ...
en France [ɑ̃ fʀɑ̃s]	in Frankreich
(le) paysage [lə peizaʒ]	Landschaft
très [tʀɛ]	sehr
diversifié/e [divɛʀsifje]	vielfältig
(la) mer [la mɛʀ]	Meer
(la) montagne [la mɔtaɲ]	Gebirge
j'aime beaucoup... [ʒɛm boku]	ich mag sehr ...
beaucoup [boku]	sehr; viel
nous aimons [nuz‿ɛmɔ̃]	wir mögen, wir lieben
(la) cuisine [la kɥizin]	Küche
délicieux, -se [delisjø, delisjøz]	köstlich, lecker
moi aussi [mwa osi]	ich auch
Je suis tout à fait d'accord. [ʒə sɥi tut‿a fɛ dakɔʀ]	Ich bin voll und ganz einverstanden.
d'accord [dakɔʀ]	einverstanden, in Ordnung
j'adore (*Inf*: adorer) [ʒadɔʀ]	furchtbar gern mögen
(le) foie gras [lə fwa gʀa]	Gänseleberpastete
(le) vin français [lə vɛ̃ fʀɑ̃sɛ]	französischer Wein
le vin [lə vɛ̃]	Wein
j'aime bien... [ʒɛm bjɛ̃]	ich mag gerne ...
(la) culture [la kyltyʀ]	Kultur
(la) littérature [la literatyr]	Literatur
(la) peinture [la pɛ̃tyʀ]	Malerei
(la) mentalité [la mɑ̃talite]	Mentalität, Lebensart
(les) gens *m, Pl* [le ʒɑ̃]	die Leute
(l')architecture *f* [laʀʃitɛktyʀ]	Architektur

2

a. (la) phrase [la fʀaz]	Satz
aimer [eme]	lieben, mögen
tu [ty]	du
il [il]	er, es
elle [ɛl]	sie, es
on [ɔ̃]	man, wir
nous [nu]	wir
ils, elles [il, ɛl]	sie (*3. Pers. Plural*)

3

(le) dé [lə de]	Würfel
J'ai appris à mon dalmatien... [ʒe apʀi a mɔ̃ dalmasjɛ̃]	Ich habe meinem Dalmatiner beigebracht ...
(le) dalmatien [lə dalmasjɛ̃]	Dalmatiner; *hier:* Hunderasse
faire [fɛʀ]	machen, tun

4

former [fɔʀme]	bilden
(la) rose [la roz]	Rose
(la) nature [la natyʀ]	Natur
(la) Belgique [la bɛlʒik]	Belgien
(la) mode [la mɔd]	Mode
(le) chocolat [lə ʃɔkɔla]	Schokolade
(la) musique [la myzik]	Musik
(la) Suisse [la sɥis]	Schweiz

5

a. en Allemagne [ɑ̃n‿almaɲ]	in Deutschland
(l')Allemagne *f* [lalmaɲ]	Deutschland
(l')autoroute *f* [lotoʀut]	Autobahn
on peut y rouler rapidement [ɔ̃ pø i ʀule rapidmɑ̃]	man kann da schnell fahren
La vitesse n'est pas limitée. [la vitɛs nɛ pa limite]	Es gibt keine Geschwindigkeitsbegrenzung.
(la) vitesse [la vitɛs]	Geschwindigkeit
limité/e [limite]	begrenzt, beschränkt
Ce que je préfère le plus... [sə kə ʒə pʀefɛʀ lə plys]	Was ich am meisten mag ...
réputé/e [repyte]	berühmt, geschätzt
(la) charcuterie [la ʃaʀkytʀi]	Wurstwaren
Ce que j'admire... [sə kə ʒadmiʀ]	Was ich bewundere ...
(l')industrie *f* [lɛ̃dystʀi]	Industrie
les grands compositeurs *m, Pl* [le gʀɑ̃ kɔ̃pozitœʀ]	die großen Komponisten
(la) musique classique [la myzik klasik]	klassische Musik
(la) propreté des villes [la pʀɔpʀəte de vil]	die Sauberkeit der Städte
(le) gâteau, *Pl*-eaux [lə gato, le gato]	Kuchen
(la) Forêt Noire [la fɔʀɛ nwaʀ]	Schwarzwälder Kirschtorte
la forêt [la fɔʀɛ]	Wald
...que j'aime beaucoup [kə ʒɛm boku]	... die/den/das ich sehr gern mag
b. (le/la) Français/e [lə fʀɑ̃sɛ, la fʀɑ̃sɛz]	Franzose, Französin

6

a. comparez (*Inf*: **comparer**) [kɔ̃paʀe]	vergleichen Sie
C'est français ? [sɛ fʀɑ̃sɛ]	Ist das französisch?
C'est allemand ? [sɛt‿almɑ̃]	Ist das deutsch?

7

a. suisse *adj* [sɥis]	schweizer(isch)
allemand/e *adj* [almɑ̃, almɑ̃d(ə)]	deutsch
français/e *adj* [fʀɑ̃sɛ, fʀɑ̃sɛz]	französisch
(le) cinéma [lə sinema]	Kino
moderne [mɔdɛʀn(ə)]	modern
Ça s'écrit avec un [sa sekʀi avɛk ɛ̃n‿ɛs]	Das schreibt man mit
alors [alɔʀ]	also dann

8

a. (la) Bretagne [la bʀətaɲ]	Bretagne
(le) football [lə futbol]	Fußball
(la) politique [la pɔlitik]	Politik
(le) jazz [lə dʒaz]	Jazz(musik)

9

(la) crêpe [la kʀɛp]	Pfannkuchen, Crêpe
(la) bouillabaisse [la bujabɛs]	*provenzalische Fischsuppe, mit Brot und Knoblauchsoße serviert*

12

Brême [bʀɛm]	Bremen
C'est la vie. [sɛ la vi]	So ist das Leben.
(la) vie [la vi]	Leben

ÜA 2

(le) café [lə kafe]	Kaffee

ÜA 3

C'est en Suisse ? [sɛt‿ɑ̃ sɥis]	Ist das in der Schweiz?
C'est en Belgique ? [sɛt‿ɑ̃ bɛlʒik]	Ist das in Belgien?

RVA

(la) lampe [la lɑ̃p]	Lampe, Leuchte
(la) photocopieuse [la fɔtɔkɔpjøz]	Kopiergerät
(la) calculatrice [la kalkylatʀis]	Taschenrechner
(l')ordinateur *m* [lɔʀdinatœʀ]	Computer

2.5

1

a. **parler** [paʀle]	sprechen
travailler [tʀavaje]	arbeiten
rester jeune [ʀɛste ʒœn]	jung bleiben
jeune [ʒœn]	jung
voyager [vwajaʒe]	reisen
b. J'apprends (*Inf*: apprendre) le français… [ʒapʀɑ̃ lə fʀɑ̃sɛ]	Ich lerne Französisch …
(les) vacances *f* [le vakɑ̃s]	Ferien
(le) travail [lə tʀavaj]	Arbeit
aider qn [ede]	jdm. helfen
(les) enfants *m/f, Pl* [lez‿ɑ̃fɑ̃]	Kinder
(l')enfant *m/f* [lɑ̃fɑ̃]	Kind
en Afrique [ɑ̃n‿afʀik]	in Afrika
l'Afrique *f* [lafʀik]	Afrika
les Français *m, Pl* [le fʀɑ̃sɛ]	Franzosen

2

Pourquoi vous apprenez le français ? [puʀkwa vuz‿apʀəne lə fʀɑ̃sɛ]	Warum lernen Sie Französisch?
pourquoi tu apprends… ? [puʀkwa ty apʀɑ̃]	warum lernst du … ?
Demandez (*Inf*: **demander**) à votre voisin/e. [dəmɑ̃de a vɔtʀ(ə) vwazɛ̃/vwazin]	Fragen Sie Ihren Nachbarn/Ihre Nachbarin.
(le/la) voisin/e [lə vwazɛ̃, la vwazin]	Nachbar, Nachbarin

3

Attention ! [atɑ̃sjɔ̃]	Achtung! Vorsicht!

4

manger [mɑ̃ʒe]	essen

5

Je parle allemand et français. [ʒə paʀl almɑ̃ e fʀɑ̃sɛ]	Ich spreche Deutsch und Französisch.
Dresde [dʀɛsd(ə)]	Dresden

6

(l')homme au foyer *m* [lɔm o fwaje]	Hausmann
(la) femme au foyer [la fam o fwaje]	Hausfrau
(l')employé/e *m/f* [lɑ̃plwaje]	Angestellte, -r
(le/la) comptable [lə/la kɔ̃tabl(ə)]	Buchhalter/in
(le) professeur *m/f* [lə pʀɔfɛsœʀ]	Lehrer/in
(l')électricien/ne *m/f* [lelɛktʀisjɛ̃, lelɛktʀisjɛn]	Elektriker/in
(l')agent d'assurances *m* [laʒɑ̃ dasyʀɑ̃s]	Versicherungsvertreter
(le/la) retraité/e [le/la ʀ(ə)tʀete]	Rentner/in
(la) secrétaire médicale [la səkʀetɛʀ medikal]	medizinische Sekretärin
(la) secrétaire de direction [la səkʀetɛʀ də diʀɛksjɔ̃]	Chefsekretärin
(l')infirmier, -ière *m/f* [lɛ̃fiʀmje, lɛ̃fiʀmjɛʀ]	Krankenpfleger, Krankenschwester
(l')étudiant/e *m/f* [letydjɑ̃, letydjɑ̃t]	Student/in
l'informaticien/ne *m/f* [lɛ̃fɔʀmatisjɛ̃, lɛ̃fɔʀmatisjɛn]	Informatiker/in

7

Hambourg ['ɑ̃buʀ]	Hamburg

8

a. (l')interview *f* [lɛ̃tɛʀvju]	Interview, Befragung
je vais (*Inf*: aller) [ʒə vɛ]	ich gehe, ich fahre
souvent [suvɑ̃]	oft, häufig
au Canada [o kanada]	nach Kanada
(le) Canada [lə kanada]	Kanada
parler anglais [paʀle ɑ̃glɛ]	englisch sprechen
Je vous remercie. (*Inf*: remercier) [ʒə vu ʀ(ə)mɛʀsi]	Ich danke Ihnen.
remercier qn [ʀəmɛʀsje kɛlkɛ̃]	jdm danken
de rien [də ʀjɛ̃]	bitte (*als Antwort auf „Danke"*)
mesdemoiselles *f* [medmwazɛl]	meine Damen

bien sûr [bjɛ̃ syʀ]	natürlich, selbstverständlich
dans une grande entreprise de pharmacie [dɑ̃z‿yn gʀɑ̃d‿ ɑ̃tʀəpriz də farmasi]	in einem großen Pharmaunternehmen
toutes les deux [tut le dø]	alle beide
nous sommes en vacances [nu sɔmz‿ɑ̃ vakɑ̃s]	wir sind im Urlaub
pas du tout [pa dy tu]	überhaupt nicht
moi non plus [mwa nɔ̃ ply]	ich auch nicht
b. résumez (*Inf*: résumer) [ʀezyme]	fassen Sie zusammen

ÜA 1

notre **chef** *m/f* [nɔtʀə ʃɛf]	unser/e Chef/in
cet été *m* [sɛt‿ete]	diesen Sommer

RVA

(le) thème [lə tɛm]	Thema
(la) discussion [la diskysjɔ̃]	Diskussion, Besprechung
(le) problème [lə pʀɔblɛm]	Problem
(la) coordination [la kɔɔʀdinasjɔ̃]	Abstimmung, Koordination
(la) communication [la kɔmynikasjɔ̃]	Kommunikation
(la) stratégie [la stʀateʒi]	Strategie
(l')export *m* [lɛkspɔʀ]	Export
(le) produit [lə pʀɔdɥi]	Produkt
(la) restructuration [la ʀəstʀyktyrasjɔ̃]	Restrukturierung
(le) personnel [lə pɛʀsɔnɛl]	Personal

2.6

On parle français. [ɔ̃ paʀl fʀɑ̃sɛ]	Man spricht französisch.

1

en **Europe** *f* [ɑ̃n‿øʀɔp]	in Europa
(l')Europe *f* [løʀɔp]	Europa
au Luxembourg *m* [o lyksɑ̃buʀ]	in Luxemburg
(le) Luxembourg [lə lyksɑ̃buʀ]	Luxemburg
la langue française [la lɑ̃g fʀɑ̃sɛz]	die französische Sprache
(la) langue [la lɑ̃g]	Sprache
la langue allemande [la lɑ̃g almɑ̃d]	die deutsche Sprache
sont (*Inf*: **être**) [sɔ̃]	sind
(le) cousin, (la) cousine [lə kuzɛ̃, la kuzin]	Cousin, Cousine
ensemble [ɑ̃sɑ̃bl(ə)]	zusammen, gemeinsam
parler politique [paʀle pɔlitik]	über Politik sprechen
(le) sport [lə spɔʀ]	Sport
dans les deux langues [dɑ̃ le dø lɑ̃g]	in beiden Sprachen
sur ARTE [syʀ aʀte]	auf (dem Programm) ARTE
la soupe à l'oignon [la sup a lɔɲɔ̃]	Zwiebelsuppe
(la) soupe [la sup]	Suppe
l'oignon *m* [lɔɲɔ̃]	Zwiebel
le melon au porto [lə məlɔ̃ o pɔʀto]	Melone in Portwein
(le) melon [lə məlɔ̃]	Melone
(le) porto [lə pɔʀto]	Portwein
(la) quiche [la kiʃ]	Quiche
(l')omelette flambée *f* [lɔmlɛt flɑ̃be]	flambiertes Omelett
(la) mousse au chocolat [la mus o ʃɔkɔla]	*Schokoladencreme*
(la) choucroute [la ʃukʀut]	Sauerkraut
aimer + *Verb im Infinitiv* [eme]	etw. gern tun
communiquer [kɔmynike]	kommunizieren, miteinander sprechen
Cologne [kɔlɔɲ(ə)]	Köln
Munich [mynik]	München
Strasbourg [stʀasbuʀ]	Straßburg
Nice [nis]	Nizza
des villes pleines de charme [de vil plɛn də ʃaʀm]	zauberhafte Städte
(la) ville [la vil]	Stadt
plein/e de... [plɛ̃, plɛn]	voll(er) ...
(le) parfum [lə paʀfɛ̃]	Parfüm
(la) haute couture [la 'ot kutyʀ]	die führenden Modehäuser
des deux pays [de dø pei]	von beiden Ländern, beider Länder
(le) pays [lə pei]	Land
(la) robe [la ʀɔb]	Kleid
(la) veste [la vɛst(ə)]	Jacke
chic [ʃik]	schick, flott
(la) relation [la ʀəlasjɔ̃]	Beziehung
franco-allemand/e [fʀɑ̃koalmɑ̃, fʀɑ̃koalmɑ̃d]	französisch-deutsch

3

le tableau, *Pl* -eaux [lə tablo]	Tabelle
la règle [la ʀɛgl(ə)]	(Grammatik)Regel
l'ananas *m* [lanana(s)]	Ananas

5

l'auteur *m/f* [lotœʀ]	Autor/in
découvrir [dekuvʀiʀ]	entdecken
la spécialité [la spesjalite]	Spezialität
gastronomique [gastʀɔnɔmik]	gastronomisch, kulinarisch
belge [bɛlʒ(ə)]	belgisch
les frites *f, Pl* [le fʀit]	Pommes Frites
le chanteur, la chanteuse [lə ʃɑ̃tœʀ, la ʃɑ̃tøz]	Sänger/in
Ne me quitte pas. [nə mə kit(ə) pa]	Verlass mich nicht.

6

traduisez (*Inf*: **traduire**) [tʀadɥize]	übersetzen Sie
Je t'aime. [ʒə tɛm]	Ich liebe dich.

8

discuter [diskyte]	diskutieren
le sucre [lə sykʀ(ə)]	Zucker
l'opéra *m* [lɔpeʀa]	Oper
le fromage [lə fʀɔmaʒ]	Käse
le tennis [lə tenis]	Tennis
le costume [lə kɔstym]	Anzug
l'Italie *f* [litali]	Italien
la cravate [la kʀavat]	Krawatte
le ski [lə ski]	Ski(sport), Skifahren
téléphoner à qn [telefɔne a kɛlkɛ̃]	jdn anrufen

le voyage [lə vwajaʒ]	Reise
la plante [la plɑ̃t]	Pflanze

9

transformer [tʀɑ̃sfɔʀme]	umwandeln
la mandarine [la mɑ̃daʀin]	Mandarine
l'ingénieur chimiste *m/f* [lɛ̃ʒenjœʀ ʃimist(ə)]	Chemieingenieur/in
charmant/e [ʃaʀmɑ̃, ʃaʀmɑ̃t]	reizend, charmant

11

romantique [ʀɔmɑ̃tik]	romantisch

ÜA 1

Ratisbonne [ʀatisbɔn]	Regensburg
Brunswick [bʀɛ̃swik]	Braunschweig
Aix-la-Chapelle [ɛkslaʃapɛl]	Aachen
Bâle [bal]	Basel

RVA

le commercial [lə kɔmɛʀsjal]	kaufmännischer Angestellter
surtout [syʀtu]	besonders, vor allem
après [apʀɛ]	nach(her)

3

Quoi de neuf ? [kwa d(ə) nœf]	Was gibt's Neues?
quoi... ? [kwa]	was ... ?
neuf, neuve [nœf, nœv(ə)]	neu
le fax [lə faks]	Fax(gerät)
la conversation [la kɔ̃vɛʀsasjɔ̃]	Gespräch
la correspondance [la kɔʀɛspɔ̃dɑ̃s]	Briefwechsel, Korrespondenz
le minitel [lə minitɛl]	*nationales Netz für elektronische Infodienste in Frankreich*
le télégramme [lə telegʀam]	Telegramm
le télex [lə telɛks]	Telex
le courrier électronique [lə kuʀje elɛktʀɔnik]	elektronische Post, e-Mail
le geste [lə ʒɛst]	Geste
l'amitié *f* [lamitje]	Gruß; Freundschaft

3.7

1

a. **cher, chère** [ʃɛʀ, ʃɛʀ]	lieb
le papa [lə papa]	Papa
un grand salut de... [ɛ̃ gʀɑ̃ saly də]	einen lieben Gruß aus ...
la Réunion [la ʀeynjɔ̃]	(die Insel) Réunion
camper [kɑ̃pe]	zelten, campen
au bord de [o bɔʀ də]	am Ufer
Il fait (*Inf*: faire) hyper chaud. [il fɛ ipɛʀ ʃo]	Es ist total heiß.
chaud/e [ʃo, ʃod(ə)]	heiß
Les nuits sont froides. [le nɥi sɔ̃ fʀwad]	Die Nächte sind kalt.
la nuit [la nɥi]	Nacht
froid/e [fʀwa, fʀwad]	kalt
sympa, sympathique [sɛ̃pa, sɛ̃patik]	sympathisch, nett
Nous faisons (*Inf*: faire) des randonnées. [nu fəzɔ̃ de ʀɑ̃dɔne]	Wir machen Wanderungen.
la randonnée [la ʀɑ̃dɔne]	Wanderung, Tour
Nous pensons bien à vous. [nu pɑ̃sɔ̃ bjɛ̃ a vu]	Wir denken oft an Euch.
penser à qn [pɑ̃se]	an jdn. denken
grosses bises [gʀos biz]	*Abschiedsgruß in Briefen an gute Freunde oder Verwandte*
gros/se [gʀo, gʀos]	dick
Bonjour à tous ! [bɔ̃ʒuʀ‿a tus]	Schönen Gruß an alle!
Nous voilà enfin à Montréal. [nu vwala ɑ̃fɛ̃ a mɔ̃ʀeal]	Wir sind endlich in Montreal angekommen.
enfin [ɑ̃fɛ̃]	endlich
Tout va (*Inf*: **aller**) bien ! [tu va bjɛ̃]	Es ist alles in Ordnung!
passionnant/e [pasjɔnɑ̃, pasjɔnɑ̃t]	faszinierend, begeisternd
le Québécois, la Québécoise [lə kebekwa, la kebekwaz]	Einwohner/in von Québec
Il ne fait (*Inf*: faire) pas beau. [il nə fɛ pa bo]	Es ist kein schönes Wetter.
ne... pas [nə... pa]	nicht
beau, bel, belle [bo, bɛl, bɛl]	schön
mille [mil]	tausend
le baiser [lə beze]	Kuss
Chers amis [ʃɛʀz‿ami]	Liebe Freunde
l'ami/e *m/f* [lami]	Freund/in
Un petit bonjour de... [ɛ̃ p(ə)ti bɔ̃ʒuʀ də...]	Ein kleiner Gruß aus ...
petit/e [p(ə)ti, p(ə)tit]	klein
le temps [lə tɑ̃]	Wetter
magnifique [maɲifik]	großartig
tous les jours [tu le ʒuʀ]	jeden Tag, täglich
le jour [lə ʒuʀ]	Tag
ravi/e [ʀavi]	hocherfreut, entzückt
Nous vous embrassons bien fort. [nu vuz‿ɑ̃bʀasɔ̃ bjɛ̃ fɔʀ]	Einen ganz dicken Kuss für Euch (*am Briefende*).
embrasser [ɑ̃bʀase]	umarmen; küssen
fort *adv* [fɔʀ]	kräftig, fest
le week-end [lə wikɛnd]	Wochenende
chez des amis [ʃe dez‿ami]	bei/zu Freunden
chez [ʃe]	bei, zu
pour l'instant [puʀ lɛ̃stɑ̃]	im Moment
formidable [fɔʀmidabl]	hervorragend
J'espère (*Inf*: **espérer**) que vous allez bien. [ʒɛspɛʀ kə vuz‿ale bjɛ̃]	Ich hoffe, es geht Ihnen/euch gut.
espérer [ɛspeʀe]	hoffen
b. la carte postale [la kaʀt pɔstal]	Postkarte
le texte [lə tɛkst]	Text
puis [pɥi]	dann
Il fait beau (temps). [il fɛ bo (tɑ̃)]	Es ist schönes Wetter.
Il fait mauvais (temps). [il fɛ movɛ (tɑ̃)]	Es ist schlechtes Wetter.

4

a. Quel temps fait-il ? [kɛl tɑ̃ fɛt‿il]	Wie ist das Wetter?
quel/le [kɛl]	welcher, welche, welches
Il pleut (*Inf*: pleuvoir). [il plø]	Es regnet.
Il neige (*Inf*: **neiger**). [il nɛʒ]	Es schneit.
neiger [neʒe]	schneien
Il fait bon. [il fɛ bɔ̃]	Es ist schön (es Wetter)/mild.
Il y a du vent. [ilja dy vɑ̃]	Es ist windig.
le vent [lə vɑ̃]	Wind
Il y a des nuages. [ilja de nɥaʒ]	Es ist bewölkt.
le nuage [lə nɥaʒ]	Wolke

6

Pour qui sont les cartes ? [puʀ ki sɔ̃ le kaʀt]	Für/an wen sind die Karten?

8

a. **le musée** [lə myze]	Museum
la promenade [la pʀɔmnad]	Promenade
Elle fait trois kilomètres de long. [ɛl fɛ trwa kilɔmɛtʀ də lɔ̃]	Sie ist drei Kilometer lang.
le kilomètre [lə kilɔmɛtʀ]	Kilometer
le monument [lə mɔnymɑ̃]	Denkmal
historique [istɔʀik]	historisch, geschichtlich
la rue [la ry]	Straße
la Vieille Ville [la vjɛj vil]	Altstadt
frais, fraîche [fʀɛ, fʀɛʃ]	frisch, kühl
quand [kɑ̃]	wenn, als *Konj.*
le shopping [lə ʃɔpiŋ]	Einkaufen, Einkaufsbummel
la boutique [la butik]	Laden, Geschäft
le grand magasin [lə gʀɑ̃ magazɛ̃]	Kaufhaus
grand/e [gʀɑ̃, gʀɑ̃d]	groß
les Galeries Lafayette *f, Pl* [le galʀi lafajɛt]	*Kaufhauskette in Frankreich*
visiter [vizite]	besichtigen
le marché aux fleurs [lə maʀʃe o flœʀ]	Blumenmarkt
le marché [lə maʀʃe]	Markt
la fleur [la flœʀ]	Blume
acheter [aʃ(ə)te]	kaufen
le bouquet [lə bukɛ]	(Blumen)Strauß
le mimosa [mimoza]	Mimose
pour vos amis [puʀ voz‿ami]	für Ihre/Eure Freunde
optimiste [ɔptimist]	optimistisch
le japonais [lə ʒapɔnɛ]	Japanisch

ÜA 1

Mettez (*Inf*: mettre) les phrases à la forme négative. [mete le fʀaz‿a la fɔʀm negativ]	Setzen Sie die Sätze in die verneinte Form.
négatif, -ve [negatif, negativ]	verneint, negativ

ÜA 2

habiter [abite]	(be)wohnen

RVA

la souris [la suʀi]	Maus
l'écran *m* [lekʀɑ̃]	Bildschirm
le CD-ROM [lə sedeʀɔm]	CD-Rom
la disquette [la diskɛt]	Diskette
le disque dur [lə disk(ə) dyʀ]	Festplatte
le logiciel [lə lɔʒisjɛl]	(Computer)Programm
le clavier [lə klavje]	Tastatur
le modem [lə mɔdɛm]	Modem
l'imprimante *f* [lɛ̃pʀimɑ̃t]	Drucker

3.8

1

a. la conversation téléphonique [la kɔ̃vɛʀsasjɔ̃ telefɔnik]	Telefongespräch
le père [lə pɛʀ]	Vater
son père *m* [sɔ̃ pɛʀ]	ihr/sein Vater
demander qch à qn [dəmɑ̃de]	jdn. etw. fragen
vrai/e [vʀɛ]	richtig
faux, fausse [fo, fos]	falsch
b. vérifier [veʀifje]	(über)prüfen
C'est qui ? [sɛ ki]	*hier*: Wer ist dran?
Tu me passes...? [ty mə pas]	Gibst/Reichst du mir ... ?
passer qn/qch à qn [pase kɛlkɛ̃/kɛlkəʃoz a kɛlkɛ̃]	*hier*: jdn. (weiter)geben, (weiter)reichen
s'il te plaît [sil tə plɛ]	bitte (*wenn man um etw. bittet, Du-Form*)
C'est toi ? [sɛ twa]	Bist du's?
Tu vas (*Inf*: aller) bien ? [ty va bjɛ̃]	Geht's dir gut?
Tu es bien arrivé/e ? [ty ɛ bjɛ̃n‿aʀive]	Bist du gut angekommen?
arriver [aʀive]	ankommen
Est-ce que tu as fait (*Inf*: faire) bon voyage ? [ɛskə ty a fɛ bɔ̃ vwajaʒ]	Hattest du eine gute Reise?
encore [ɑ̃kɔʀ]	(immer) noch
fatigué/e [fatige]	müde
il fait moins quinze [il fɛ mwɛ̃ kɛ̃z]	es sind 15 Grad minus
Ne t'inquiète (*Inf*: s'inquiéter) pas. [nə tɛ̃kjɛt pa]	Mach dir keine Sorgen.
au fait [o fɛt]	übrigens
je voudrais (*Inf*: vouloir) te demander [ʒə vudʀɛ tə d(ə)mɑ̃de]	ich würde dich gern fragen
tu peux (*Inf*: pouvoir) me donner... [ty pø mə dɔne]	kannst du mir ... geben
donner [dɔne]	geben
attends (*Inf*: **attendre**) un instant [atɑ̃ ɛ̃n‿ɛ̃stɑ̃]	warte einen Moment
attendre [atɑ̃dʀ(ə)]	(er)warten
Ça y est. [sajɛ]	*hier*: Ich hab' sie.
C'est le... [sɛ lə]	*hier*: Die Nummer lautet ...
je répète (*Inf*: répéter) [ʒə ʀepɛt]	ich wiederhole
rappeler qn [ʀaple]	jdn. zurückrufen
bientôt [bjɛ̃to]	bald
Bonjour à Papa. [bɔ̃ʒuʀ‿a papa]	Schönen Gruß an Papa.
Bisous ! [bizu]	*hier*: Küsse an alle!
le bisou [lə bizu]	Kuss, Küsschen

2

b. l'expression *f* [lɛkspʀɛsjɔ̃]	Ausdruck

3

tant pis [tɑ̃ pi]	macht nichts
ce soir *m* [sə swaʀ]	heute Abend
le soir [lə swaʀ]	Abend
Désolé, il n'est pas là. [dezɔle il nɛ pa la]	Tut mir Leid, er ist nicht da.
(je suis) **désolé/e** [dezɔle]	tut mir Leid
là [la]	da, dort

5

l'art *m* [laʀ]	Kunst
la télévision [la televisjɔ̃]	Fernsehen
l'alsacien *m* [lalzasjɛ̃]	Elsässisch
intelligent/e [ɛ̃teliʒɑ̃, ɛ̃teliʒɑ̃t]	intelligent
nouveau, nouvel, nouvelle [nuvo, nuvɛl]	neu

6

b. **poser** des questions [poze de kɛstjɔ̃]	Fragen stellen
noter [nɔte]	notieren
la réponse [la ʀepɔ̃s]	Antwort

7

b. **le résultat** [lə ʀezylta]	Ergebnis, Resultat
à deux [a dø]	zu zweit

9

A quelle page trouvez-vous...? [a kɛl paʒ tʀuve vu]	Auf welcher Seite finden Sie ... ?

10

C'est quel numéro en France ? [sɛ kɛl nymeʀo ɑ̃ fʀɑ̃s]	Welche Nummer ist das in Frankreich?
quelques *Pl* [kɛlk(ə)]	einige, ein paar
utile [ytil]	nützlich
les renseignements *m, Pl* [le ʀɑ̃sɛɲmɑ̃]	*hier*: Telefonauskunft
les dérangements *m, Pl* [le deʀɑ̃ʒmɑ̃]	*hier*: Störungsstelle
le SAMU = le Service d'Aide Médicale d'Urgence [lə samy]	*ärztlicher Notdienst in Frankreich*
la police [la pɔlis]	Polizei
les pompiers *m, Pl* [le pɔ̃pje]	Feuerwehr(leute)
les renseignements internationaux *m, Pl* [le ʀɑ̃sɛɲmɑ̃ ɛ̃tɛʀnasjɔno]	Auslandsauskunft
l'indicatif du pays *m* [lɛ̃dikatif]	Ländervorwahl
Quel est ton/votre numéro de téléphone ? [kɛl ɛ tɔ̃/vɔtʀ(ə) nymeʀo d(ə) telefɔn]	Wie lautet deine/Ihre Telefonnummer?

12

Arrivée en provenance de... [aʀive ɑ̃ pʀɔvnɑ̃s də]	Ankunft/Landung aus ...
en provenance *f* de [ɑ̃ pʀɔvnɑ̃s]	aus, von
le vol [lə vɔl]	Flug
les passagers du vol... [le pasaʒe dy vɔl]	die Passagiere des Fluges ...
le passager, la passagère [lə pasaʒe, la pasaʒɛʀ]	Passagier/in
à destination *f* de... [a dɛstinasjɔ̃ də]	mit Ziel, in Richtung, nach
les passagers sont priés de se présenter... [le pasaʒe sɔ̃ pʀije də sə pʀezɑ̃te]	die Passagiere werden gebeten ...
se présenter [sə pʀezɑ̃te]	*hier*: sich melden
les passagers sont invités à... [le pasaʒe sɔ̃t‿ɛ̃vite a]	die Passagiere sind aufgefordert ...
votre attention [vɔtʀ(ə) atɑ̃sjɔ̃]	Achtung
l'attention *f* [latɑ̃sjɔ̃]	Aufmerksamkeit
Le vol aura (*Inf*: avoir) trente minutes de retard. [lə vɔl oʀa tʀɑ̃t minyt də ʀ(ə)taʀ]	Der Flug hat 30 Minuten Verspätung.

13

relire [ʀ(ə)liʀ]	noch einmal lesen
aller [ale]	gehen, fahren
pas trop bien [pa tʀo bjɛ̃]	nicht besonders (gut)
pas mal [pa mal]	nicht schlecht

14

c. combien d'enfants ? [kɔ̃bjɛ̃ dɑ̃fɑ̃]	wie viel Kinder?
combien (de) ? [kɔ̃bjɛ̃]	wie viel?

16

a. le poème [lə pɔɛm]	Gedicht
le concert [lə kɔ̃sɛʀ]	Konzert

ÜA 1

parfait/e [paʀfɛ, paʀfɛt]	perfekt

3.9

A la vôtre ! [a la votʀ(ə)]	Auf Ihr Wohl!

1

Joyeux anniversaire ! [ʒwajøz‿anivɛʀsɛʀ]	Herzlichen Glückwunsch zum Geburtstag!
joyeux, -se [ʒwajø, ʒwajøz]	fröhlich, lustig
l'anniversaire *m* [lanivɛʀsɛʀ]	Geburtstag
A ta santé ! [a ta sɑ̃te]	Auf dein Wohl! Prost!
la santé [la sɑ̃te]	Gesundheit
ce gâteau [sə gato]	dieser Kuchen
excellent/e [ɛkselɑ̃, ɛkselɑ̃t]	ausgezeichnet, hervorragend
Beurk ! [bøʀk]	Ih! Igitt!
la chantilly [la ʃɑ̃tiji]	Schlagsahne
au secours ! [o skuʀ]	zu Hilfe!
là bas [laba]	dort, da (hinten)
l'île *f* [lil]	Insel
joli/e [ʒɔli]	hübsch, schön
touristique [tuʀistik]	touristisch
Ça dépend (*Inf*: dépendre) de la saison. [sa depɑ̃ d(ə) la sɛzɔ̃]	Das hängt von der Jahreszeit ab.
la saison [la sɛzɔ]	Jahreszeit, Saison
je crois (*Inf*: croire) [ʒə kʀwa]	ich glaube

Vous avez (*Inf*: avoir) raison. [vuz‿ave ʀɛzɔ̃]	Sie haben Recht.
la raison [la rɛzɔ̃]	Recht; Grund
en **septembre** [ɑ̃ sɛptɑ̃bʀ]	im September
agréable [agʀeabl]	angenehm
c'est assez calme [sɛt‿ase kalm]	es ist ziemlich ruhig
assez [ase]	ziemlich
calme [kalm(ə)]	ruhig
C'est mauvais pour la santé. [sɛ movɛpuʀ la sɑ̃te]	Das ist ungesund.
mauvais/e [movɛ, movɛz]	schlecht
franchement [fʀɑ̃ʃmɑ̃]	also ehrlich (gesagt)
tu exagères (*Inf*: **exagérer**) [ty egzaʒɛʀ]	du übertreibst
exagérer [egzaʒeʀe]	übertreiben
et puis [e pɥi]	und außerdem; und dann
C'est bon pour le moral. [sɛ bɔ̃ puʀ l(ə) mɔʀal]	Das hebt die Stimmung.
merci beaucoup [mɛʀsi boku]	vielen Dank
vraiment [vʀɛmɑ̃]	wirklich
C'est gentil de votre part. [sɛ ʒɑ̃ti d(ə) vɔtʀ(ə) paʀ]	Das ist nett von euch/Ihnen.
gentil/le [ʒɑ̃ti, ʒɑ̃tij]	nett, freundlich
original/e [ɔʀiʒinal]	originell
ce cadeau [sə kado]	dieses Geschenk
le cadeau, *Pl*-eaux [lə kado, le kado]	Geschenk
Ce n'est pas mon genre. [sə nɛ pa mɔ̃ ʒɑ̃ʀ]	Das ist nicht mein Fall.
le genre [lə ʒɑ̃ʀ]	Art
horrible [ɔʀibl(ə)]	fürchterlich
Je n'aime pas du tout. [ʒə nɛm pa dy tu]	Es gefällt mir überhaupt nicht.

4

Trouvez des phrases qui vont ensemble. [tʀuve de fʀaz ki vɔ̃ ɑ̃sɑ̃bl(ə)]	Finden Sie Sätze, die zusammenpassen.
trouver [tʀuve]	finden
j'aime mieux… [ʒɛm mjø]	mir gefällt … besser

5

a. je trouve ça assez… [ʒə tʀuv sa ase]	ich finde das ziemlich …
b. apprendre le japonais [apʀɑ̃dʀ(ə) lə ʒapɔnɛ]	Japanisch lernen
à l'entrée [a lɑ̃tʀe]	am Eingang
l'entrée *f* [lɑ̃tʀe]	Eingang

7

avoir [avwaʀ]	haben

12

b. contrôler [kɔ̃tʀole]	kontrollieren, prüfen
c. le fromage de chèvre [lə fʀɔmaʒ də ʃɛvʀ(ə)]	Ziegenkäse
la chèvre [la ʃɛvʀ(ə)]	Ziege

RVA

à l'appareil [a lapaʀɛj]	am Apparat
l'appareil *m* [lapaʀɛj]	Apparat
avoir envie de (+ *Inf*) [avwaʀ ɑ̃vi də]	Lust haben zu
à midi [a midi]	um 12 Uhr Mittag
midi [midi]	Mittag (12 Uhr)
la cantine [la kɑ̃tin]	Kantine
choisissez (*Inf*: choisir) un dialogue [ʃwazise ɛ̃ djalɔg]	wählen Sie einen Dialog aus
jouez la scène [ʒwe la sɛn]	spielen Sie die Szene

4

à la maison [a la mɛzɔ̃]	zu Hause
chez soi [ʃe swa]	zu Hause
le Québec [lə kebɛk]	(die Provinz) Quebec
la Normandie [la nɔʀmɑ̃di]	Normandie
le Mali [lə mali]	Mali

4.10

1

b. la terrasse [la teʀas]	die Terrasse
faites des hypothèses [fɛt dez‿ipɔtɛz]	äußern Sie Vermutungen
le cognac [lə kɔɲak]	Kognak
le pastis [lə pastis]	*frz. Anislikör*
le whisky [lə wiski]	Whisky
le kir [lə kiʀ]	*frz. Aperitif aus Weißwein oder Sekt und Johannisbeerlikör*
le jus d'orange [lə jy dɔʀɑ̃ʒ]	Orangensaft
le jus [lə jy]	Saft
le citron pressé [lə sitʀɔ̃ pʀese]	frischgepresster Zitronensaft
la menthe à l'eau [la mɑ̃t‿a lo]	mit Wasser verdünnter Pfefferminzsirup
l'eau minérale *f* [lo mineʀal]	Mineralwasser
l'eau *f* [lo]	Wasser
On est bien ici. [ɔ̃n‿ɛ bjɛ̃n‿isi]	Hier ist es schön.
Il fait (*Inf*: faire) combien ? [il fɛ kɔ̃bjɛ̃]	Wie viel Grad sind es?
Il fait (*Inf*: faire) bien 25° (degrés). [il fɛ bjɛ̃ vɛ̃tsɛ̃k dəgʀe]	Es sind bestimmt 25 Grad.
le degré [lə dəgʀe]	Grad
On a de la chance. [ɔ̃n‿a d(ə) la ʃɑ̃s]	Wir haben Glück.
la chance [la ʃɑ̃s]	Glück
Vous ne voulez (*Inf*: **vouloir**) pas rester pour le dîner ? [vu n(ə) vule pa ʀɛste puʀ lə dine]	Wollt ihr nicht zum Abendessen bleiben?
le dîner [lə dine]	Abendessen
On ne veut pas te déranger. [ɔ̃ n(ə) vø pa t(ə) deʀɑ̃ʒe]	Wir wollen dich nicht stören.
déranger [deʀɑ̃ʒe]	stören
des tomates farcies [de tɔmat faʀsi]	gefüllte Tomaten
la tomate [la tɔmat]	Tomate
farci/e [faʀsi]	gefüllt
Ça vous va ? [sa vu va]	Ist euch das recht?

On prend (*Inf*: **prendre**) l'apéritif ? [ɔ̃ pʀɑ̃ lapeʀitif]	Trinken wir einen Aperitif?
Qu'est-ce que vous prenez ? [kɛskə vu prəne]	*hier*: Was möchtet ihr trinken?
qu'est-ce que…? [keskə]	was … ?
quelque chose [kɛlk(ə) ʃoz]	etwas
sans alcool [sɑ̃z‿alkɔl]	ohne Alkohol, alkoholfrei
sans [sɑ̃]	ohne
l'alcool *m* [lalkɔl]	Alkohol
Je ne prends (*Inf*: prendre) rien. [ʒə n(ə) pʀɑ̃ ʀjɛ̃]	*hier*: Ich trinke nichts.
ne… rien [nə rjɛ̃]	nichts
vraiment [vʀɛmɑ̃]	wirklich
avec des glaçons [avɛk de glasɔ̃]	mit Eis(würfeln)
le glaçon [lə glasɔ̃]	Eiswürfel
Zut ! [zyt]	Mist! Verdammt!
Tu ne veux pas (*Inf*: vouloir) plutôt… ? [ty n(ə) vø pa plyto]	Willst du nicht doch lieber … ?
plutôt [plyto]	eher, lieber

2

chez nous [ʃe nu]	bei uns (zu Hause)
inviter [ɛ̃vite]	einladen
le digestif [lə diʒɛstif]	(Verdauungs)-Schnaps

3

vouloir [vulwaʀ]	wollen
prendre [pʀɑ̃dʀ(ə)]	nehmen
comprendre [kɔ̃pʀɑ̃dʀ(ə)]	verstehen
apprendre [apʀɑ̃dʀ(ə)]	lernen
le pineau des Charentes [lə pino de ʃaʀɑ̃t]	*frz. Aperitifwein aus Kognak*

4

a. la grenadine [la gʀənadin]	Sirup aus Granatäpfeln
le jus de fruits [lə jy d(ə) fʀɥi]	Fruchtsaft
le fruit [lə fʀɥi]	Frucht, Obst
la limonade [la limɔnad]	Limonade
la bière pression [la bjɛʀ pʀɛsjɔ̃]	Bier vom Fass
le panaché [lə panaʃe]	*hier*: Radler (= *Mischgetränk aus Bier und Limonade*)
le chocolat chaud [lə ʃɔkola ʃo]	heiße Schokolade
l'infusion *f* [lɛ̃fyzjɔ̃]	(Kräuter)Tee
le verre de vin [lə vɛʀ də vɛ̃]	Glas Wein
le verre [lə vɛʀ]	Glas
le calvados [lə kalvados]	*frz. Apfelschnaps*
la flûte de champagne [la flyt də ʃɑ̃paɲ]	Glas Champagner

5

le million [lə miljɔ̃]	Million

6

le latin [lə latɛ̃]	Latein
l'école *f* [lekɔl]	Schule
l'italien *m* [litaljɛ̃]	Italienisch
l'espagnol *m* [lɛspaɲɔl]	Spanisch
pas de problème [pa d(ə) pʀɔblɛm]	kein Problem
le taxi [lə taksi]	Taxi
partir [paʀtiʀ]	wegfahren

8

avant [avɑ̃]	vor(her)
comme (digestif) [kɔm]	*hier*: als (Verdauungsschnaps)

10

proposer [pʀɔpoze]	anbieten
accepter [aksɛpte]	annehmen, akzeptieren
refuser [ʀəfyze]	ablehnen
classer [klase]	einordnen, sortieren

12

a. Britannique [bʀitanik]	Brite, Britin
la femme [la fam]	(Ehe)Frau
raconter [ʀakɔ̃te]	erzählen
le Sud [lə syd]	Süden
l'année *f* [lane]	Jahr
provençal/e [pʀɔvɑ̃sal]	provenzalisch
typique [tipik]	typisch
le mas [lə ma(s)]	*Bauernhaus in der Provence*
la région [la ʀeʒjɔ̃]	Gegend, Region
la ratatouille [la ʀatatuj]	*provenzalisches Gericht aus versch. Gemüsen*
l'aïoli (*auch* :ailloli) *m* [lajɔli]	*südfrz. Knoblauchmajonäse*
ici [isi]	hier
pour toujours [puʀ tuʒuʀ]	für immer
toujours [tuʒuʀ]	immer (noch)
ne… plus [nə ply]	nicht mehr
sûrement [syʀmɑ̃]	sicherlich, bestimmt
tout à fait [tut‿a fɛ]	gewiss, ganz genau

14

la journée [la ʒuʀne]	Tag (*Ablauf*)

ÜA 2

le gâteau au chocolat [lə gato o ʃɔkola]	Schokoladenkuchen

ÜA 3

régional/e, *Pl* : -aux [ʀeʒjɔnal, ʀeʒjɔno]	örtlich, lokal, landestypisch

ÜA 4

la tente [la tɑ̃t]	Zelt
la caravane [la kaʀavan]	Wohnwagen
le château, *Pl* -eaux [lə ʃato, le ʃato]	Schloss
l'iglou *m* [liglu]	Iglu
la cabane [la kaban]	Hütte, Schuppen
l'immeuble *m* [limœbl(ə)]	(Wohn)Gebäude, Wohnhaus
la villa [la villa]	Villa, Landhaus

RVA

la semaine [la s(ə)mɛn]	Woche
vendredi *m* [vɑ̃dʀədi]	Freitag

le directeur, la directrice [lə diʀɛktœʀ, la diʀɛktʀis]	Leiter/in, Direktor/in
avoir des projets [avwaʀ de pʀɔʒɛ]	etw. vorhaben
le projet [lə pʀɔʒɛ]	Plan
prochain/e [pʀɔʃɛ̃, pʀɔʃɛn]	nächste, nächster, nächstes
faxer [fakse]	faxen

4.11

l'invitation *f* [lɛ̃vitasjɔ̃]	Einladung

1

a. **le message** [lə mɛsaʒ]	Nachricht, Botschaft
le répondeur [lə ʀepɔ̃dœʀ]	Anrufbeantworter
dis donc (*Inf*: dire) [di dɔ̃(k)]	sag' mal
tu viens (*Inf*: **venir**) [ty vjɛ̃]	du kommst
la raclette [la ʀaklɛt]	*Schweizer Käsegericht*
samedi *m* [samdi]	(nächsten) Samstag
dimanche *m* [dimɑ̃ʃ]	(nächsten) Sonntag
l'après-midi *m* [lapʀɛmidi]	Nachmittag
rappelle-moi [ʀapɛlmwa]	ruf' mich zurück
b. elle vient (*Inf*: **venir**) [ɛl vjɛ̃]	sie kommt
quand ? [kɑ̃]	wann?
C'est gentil de ta part. [sɛ ʒɑ̃ti d(ə) ta paʀ]	Das ist nett von dir.
je viens (*Inf*: **venir**) [ʒə vjɛ̃]	ich komme
volontiers [vɔlɔ̃tje]	gerne, mit Vergnügen
l'idée *f* [lide]	Idee, Einfall
à vendredi [a vɑ̃dʀədi]	bis Freitag

2

a. l'agenda *m* [laʒɛ̃da]	(Taschen)Kalender
janvier *m* [ʒɑ̃vje]	Januar
lundi *m* [lɛ̃di]	Montag
mardi *m* [maʀdi]	Dienstag
mercredi *m* [mɛʀkʀədi]	Mittwoch
jeudi *m* [ʒødi]	Donnerstag

3

le poète *m/f* [lə pɔɛt]	Dichter/in
les éléments donnés *m, Pl* [lez‿elemɑ̃ dɔne]	die vorgegebenen Elemente
toute la nuit [tut la nɥi]	die ganze Nacht
le radis [lə ʀadi]	Radieschen
le martini [le maʀtini]	Martini (*ital. Wermutgetränk*)
à Tahiti [a taiti]	auf Tahiti
au lit [o li]	ins Bett, im Bett
le lit [lə li]	Bett
passer une nuit blanche [pase yn nɥi blɑ̃ʃ]	eine schlaflose Nacht verbringen
blanc, blanche [blɑ̃, blɑ̃ʃ]	weiß

4

a. le cours de français [lə kuʀ d(ə) fʀɑ̃sɛ]	Französisch-Kurs
le cours [lə kuʀ]	Kurs
faire du sport [fɛʀ dy spɔʀ]	Sport treiben
rester à la maison [ʀɛste a la mɛzɔ̃]	zu Hause bleiben

5

a. les portes ouvertes *f, Pl* [le pɔʀt‿zuvɛʀt]	*hier*: Tag der offenen Tür
la poste [la pɔst]	Post
de neuf à dix-huit heures [də nœf a dizɥit‿œʀ]	von 9 bis 18 Uhr
la soirée [la swaʀe]	Abend(veranstaltung)
autour de [otuʀ də]	um (... herum)
le chant [lə ʃɑ̃]	Gesang
la cathédrale [la katedʀal]	Kathedrale, Dom
le théâtre municipal [lə teatʀ(ə) mynisipal]	städtisches Theater
le vernissage [lə vɛʀnisaʒ]	Eröffnung, Vernissage
le peintre [lə pɛ̃tʀ(ə)]	Maler
le mode d'emploi [lə mɔd(ə) dɑ̃plwa]	Gebrauchsanweisung
la soirée à thème [la swaʀe a tɛm]	Themenabend
la fête paysanne [la fɛt peizan]	Fest der Landwirte
la foire au beurre [la fwaʀ o bœʀ]	
la foire [la fwaʀ]	Messe
le beurre [lə bœʀ]	Butter
b. réécouter [ʀeekute]	noch einmal (zu)hören

6

venir [v(ə)niʀ]	kommen

7

b. **maintenant** [mɛ̃tnɑ̃]	jetzt

8

faites correspondre... [fɛt kɔʀɛspɔ̃dʀ(ə)]	ordnen Sie zu ...
l'impressionniste *m/f* [lɛ̃pʀɛsjɔnist]	Impressionist/in, impressionistische/r Maler/in
préférer [pʀefeʀe]	vorziehen, bevorzugen
l'art moderne *m* [laʀ mɔdɛʀn]	moderne Kunst
la grippe [la gʀip]	Grippe
Je n'ai pas le temps. [ʒə ne pa l(ə) tɑ̃]	Ich habe keine Zeit.

9

l'activité *f* [laktivite]	Aktivität, Tätigkeit
jouer au tennis [ʒwe o tenis]	Tennis spielen
une autre fois [yn otʀ(ə) fwa]	ein anderes Mal
peut-être [pøtɛtʀ(ə)]	vielleicht
la scène [la sɛn]	Szene

10

b. en groupe de trois [ɑ̃ gʀup də tʀwa]	in Dreier-Gruppen

11

choisissez... (*Inf*: choisir) [ʃwazise]	wählen Sie aus ...

12

la fondue [la fɔ̃dy]	Fondue: *Schweizer Käsegericht*
à 19 heures [a diznøv‿œʀ]	um neunzehn Uhr

ÜA 2

le bip sonore [lə bip sɔnɔʀ]	Pfeifton, Piepton
l'installation *f* [lɛ̃stalasjɔ̃]	Installieren, Einrichten
pour ça [puʀ sa]	dafür, deswegen
l'aéroport *m* [laeʀɔpɔʀ]	Flughafen
l'avion *m* [lavjɔ̃]	Flugzeug

ÜA 3

faire la cuisine [fɛʀ la kɥizin]	kochen
génial/e [ʒenjal]	super, spitze

ÜA 4

le 7 mai [lə sɛt mɛ]	am 7. Mai
j'ai 40 ans [ʒe kaʀɑ̃t‿ɑ̃]	ich bin/werde 40

RVA

la firme [la fiʀm]	Firma
dynamique [dinamik]	dynamisch
responsable pour/de [ʀɛspɔ̃sabl(ə) puʀ/də]	verantwortlich für
le directeur général [lə diʀɛktœʀ ʒeneʀal]	Generaldirektor
absent/e [apsɑ̃, apsɑ̃t]	abwesend
presque [pʀɛsk(ə)]	fast
il faut (*Inf*: falloir) parler à... [il fo paʀle a]	man muss mit ... sprechen
le directeur de la production [lə diʀɛktœʀ d(ə) la pʀɔdyksjɔ̃]	Produktionsleiter
la direction du personnel [la diʀɛksjɔ̃ dy pɛʀsɔnel]	Personalleitung oder -abteilung
la direction [la diʀɛksjɔ̃]	Leitung
la vente [la vɑ̃t]	Verkauf
le/la chef de service [le/la ʃɛf də sɛʀvis]	Abteilungsleiter/in
le/la chef [lə/la ʃɛf]	Chef/in, Leiter/in
le service [lə sɛʀvis]	*hier*: Abteilung

4.12

1

la couleur [la kulœʀ]	Farbe
la palette [la palɛt]	Palette
marron [maʀɔ̃]	braun
noir/e [nwaʀ]	schwarz
violet/te [vjɔlɛ, vjɔlɛt]	lila, violett
orange [ɔʀɑ̃ʒ]	orange(farben)
rouge [ʀuʒ]	rot
célèbre [selɛbʀ(ə)]	berühmt
se trouve à... [sə tʀuv a]	befindet sich in ...
se trouver [sə tʀuve]	sich befinden
le village [lə vilaʒ]	Dorf
entre [ɑ̃tʀə]	zwischen
de... à [də... a]	von ... bis
quand [kɑ̃]	als
restaurer [ʀɛstɔʀe]	renovieren, restaurieren
le peintre est mort... [lə pɛ̃tʀ(ə) ɛ mɔʀ]	der Maler ist gestorben ...
mort/e [mɔʀ, mɔʀt]	tot
à l'âge de... [a laʒ də]	im Alter von ...
l'âge *m* [laʒ]	Alter
la façade [la fasad]	Fassade
rose [ʀoz]	rosa
vert/e [vɛʀ, vɛʀt]	grün
le jardin [lə ʒaʀdɛ̃]	Garten
devant [dəvɑ̃]	(da)vor (*örtlich*)
ressembler à qch/qn [ʀəsɑ̃ble a]	etw./jdm. ähneln, ähnlich sehen
le jardinier [lə ʒaʀdinje]	Gärtner
l'iris *m* [liʀis]	Iris, Schwertlilie
le nymphéa [lə nɛ̃fea]	Seerose
entrer (dans) [ɑ̃tʀe]	hereinkommen, eintreten
à droite [a dʀwat]	rechts
la salle à manger [la sal a mɑ̃ʒe]	Esszimmer
bleu/e [blø]	blau
jaune [ʒon]	gelb
même [mɛm]	sogar
la chaise [la ʃɛz]	Stuhl
l'armoire *f* [laʀmwaʀ]	Schrank
la table [la tabl(ə)]	Tisch
à gauche [a goʃ]	links
le salon [lə salɔ̃]	Wohnzimmer
à côté [a kote]	(da)neben
l'atelier *m* [latəlje]	Atelier, Werkstatt
l'artiste *m/f* [laʀtist]	Künstler/in
à l'étage [a letaʒ]	im oberen Stockwerk
l'étage *m* [letaʒ]	Geschoss, Stockwerk, Etage
ouvert au public [uvɛʀ o pyblik]	der Öffentlichkeit zugänglich
le public [lə pyblik]	Öffentlichkeit
retrouver [ʀətʀuve]	wieder finden
l'atmosphère *f* [latmɔsfɛʀ]	Stimmung, Atmosphäre
le motif [lə mɔtif]	Motiv
avril [avʀil]	April
octobre [ɔktɔbʀ]	Oktober
sauf [sof]	außer

2

le vocabulaire [lə vɔkabylɛʀ]	Wortschatz, Vokabular

4

a. **deviner** [dəvine]	herausfinden, erraten
préféré/e [pʀefeʀe]	Lieblings-
il répond par... [il ʀepɔ̃ paʀ]	er antwortet mit ...
b. le dessin [lə dɛsɛ̃]	Zeichnung
sur [syʀ]	auf

5

rond/e [ʀɔ̃, ʀɔ̃d]	rund
Qu'est-ce que c'est ? [kɛsk(ə) sɛ]	Was ist das?
sucré/e [sykʀe]	süß
l'olive *f* [lɔliv]	Olive
la carotte [la kaʀɔt]	Möhre, Karotte

6

a. de quelle couleur sont... [də kɛl kulœʀ sɔ̃]	welche Farbe haben ...
la pièce *f* [la pjɛs]	Zimmer
b. **la salle** de bain(s) [la sal də bɛ̃]	Badezimmer

le bain [lə bɛ̃]	Bad
les toilettes *f, Pl* [le twalɛt]	Toiletten
le balcon [lə balkɔ̃]	Balkon

7

a. l'appartement *m* de vacances [lapaʀtəmɑ̃ d(ə) vakɑ̃s]	Ferienwohnung
la petite annonce [la p(ə)tit‿anɔ̃s]	Kleinanzeige
le 5 pièces [lə sɛ̃k pjɛs]	Fünfzimmerwohnung
la cuisine équipée [la kɥizin ekipe]	Einbauküche
équipé/e (de) [ekipe]	ausgestattet, ausgerüstet (mit)
tout confort [tu kɔ̃fɔʀ]	*hier*: mit allem Komfort
indépendant/e [ɛ̃depɑ̃dɑ̃, ɛ̃depɑ̃dɑ̃t]	*hier: separat*
le studio [lə stydjo]	Einzimmerwohnung
le mètre carré (= m²) [lə mɛtʀ(ə) kaʀe]	Quadratmeter
neuf, neuve [nœf, nœv]	neu
le chauffage central [lə ʃofaʒ sɑ̃tʀal]	Zentralheizung
le chauffage [lə ʃofaʒ]	Heizung

8

b. **derrière** [dɛʀjɛʀ]	hinter
sous [su]	unter

9

dessiner [dɛsine]	zeichnen
la tasse [la tas]	Tasse

10

a. avec vue sur... [avɛk vy syʀ]	mit Blick auf ...
la chambre à coucher [la ʃɑ̃bʀ‿a kuʃe]	Schlafzimmer

11

le plan [lə plɑ̃]	Plan, Grundriss
expliquer [ɛksplike]	erklären, erläutern

12

b. **le mot** [lə mo]	Wort
c. une chambre côté jardin [yn ʃɑ̃bʀ kote ʒaʀdɛ̃]	ein (Schlaf)Zimmer zur Gartenseite

Le voyageur francophone

le voyageur, la voyageuse [lə vwajaʒœʀ, la vwajaʒøz]	Reisende/r
francophone [fʀɑ̃kɔfɔn]	französischsprachig
le drapeau, *Pl* -eaux [lə dʀapo, le dʀapo]	Flagge, Fahne
conjuguer [kɔ̃ʒyge]	konjugieren
le vin de palme [lə vɛ̃ d(ə) palm]	Palmwein
le/la partenaire [lə/la paʀtənɛʀ]	Partner/in
Quel jour sommes-nous ? [kɛl ʒuʀ sɔm nu]	Welchen Tag haben wir?
Attendez (*Inf*: attendre) un tour. [atɑ̃de ɛ̃ tuʀ]	Setzen Sie eine Runde aus.
la pause [la poz]	Pause
l'arbre *m* [laʀbʀə]	Baum
décrire [dekʀiʀ]	beschreiben

ÜA 2

aller avec (qch) [ale avɛk]	zu etw. passen
le dictionnaire [lə diksjɔnɛʀ]	Wörterbuch

RVA

juillet *m* [ʒɥijɛ]	Juli
confirmer [kɔ̃fiʀme]	bestätigen
la réservation [la ʀezɛʀvasjɔ̃]	Reservierung, Bestellung
la chambre à un lit [la ʃɑ̃bʀ(ə) a ɛ̃ li]	Einbettzimmer
la douche [la duʃ]	Dusche
les W.-C. *m, Pl* [le (dublə) vese]	Toiletten
l'arrivée *f* [laʀive]	Ankunft
prévu/e [pʀevy]	vorgesehen, geplant
au soir [o swaʀ]	abends
Nous vous serions reconnaissants de bien vouloir réserver... [nu vu sɔʀjɔ̃ ʀ(ə)kɔnɛsɑ̃ də bjɛ̃ vulwaʀ ʀezɛʀve...]	Wir wären Ihnen dankbar, wenn Sie uns ... reservieren könnten
la salle de conférence [la sal də kɔ̃feʀɑ̃s]	Besprechungs-, Konferenzraum
le rétroprojecteur [lə ʀetʀopʀɔʒɛktœʀ]	Overheadprojektor
préparer [pʀepaʀe]	vor-, zubereiten
la boisson [la bwasɔ̃]	Getränk
le coca(-cola) [lə kɔka (kɔla)]	Coca Cola
pourriez-vous... ? [puʀje vu]	könnten Sie ... ?
le menu [lə məny]	Menü
le déjeuner [lə deʒœne]	Mittagessen

E

l'entracte *m* [lɑ̃tʀakt]	Pause, Unterbrechung

E.1

le bilan [lə bilɑ̃]	Bilanz
où ? [u]	wo?

E.3

la consigne [la kɔ̃siɲ]	(Arbeits-)Anweisung
inviter qn à faire qch [ɛ̃vite kɛlkɛ̃ a fɛʀ kɛlkəʃoz]	jdn. zu etw. einladen

E.4

je voudrais [ʒə vudʀɛ]	ich möchte/hätte gern
passer un télégramme [pase ɛ̃ telegʀam]	ein Telegramm aufgeben
Quel numéro êtes-vous ? [kɛl nymeʀo ɛt vu]	Wie lautet Ihre Telefonnummer?

adressé/e (à) [adʀese]	adressiert (an)
l'adresse *f* [ladʀɛs]	Adresse
le square [lə skwaʀ]	*kleine Grünanlage,* Platz
je crois [ʒə kʀwa]	ich glaube
mon chéri, ma chérie *m/f* [mɔ̃ ʃeʀi, ma ʃeʀi]	mein Liebling
l'entête de lettre *f* [lɑ̃tɛt də lɛtʀ(ə)]	Briefkopf
si vous voulez [si vu vule]	wenn Sie möchten
deux fois [dø fwa]	zweimal
une fois [yn fwa]	einmal
la fois [la fwa]	Mal
ensuite [ɑ̃sɥit]	was weiter?
J'entends (*Inf*: **entendre**) le vent. [ʒɑ̃tɑ̃ lə vɑ̃]	Ich höre den Wind.
entendre [ɑ̃tɑ̃dʀ(ə)]	hören
depuis que tu es partie [dəpɥi kə ty ɛ paʀti]	seit du weg bist
la statue [la staty]	Denkmal, Statue
La quoi ? [la kwa]	Die ... was? Was für ein Ding?
à la même place [a la mɛm plas]	an der gleichen Stelle
le prénom [lə pʀenɔ̃]	Vorname
vous savez (*Inf*: savoir) bien [vu save bjɛ̃]	Sie wissen genau
la signature [la siɲatyʀ]	Unterschrift
je vous relis (*Inf*: relire) [ʒə vu ʀəli]	ich lese (es) Ihnen noch einmal vor
signé/e [siɲe]	unterzeichnet, -schrieben

In dieser Liste finden Sie die wichtigsten Übungsanweisungen aus Pont NeuF entrée mit der deutschen Entsprechung.

Regardez la photo/le tableau/le dessin.	Sehen Sie sich das Foto/die Tabelle/die Zeichnung an.
Décrivez le tableau/la scène.	Beschreiben Sie das Bild/die Szene.
Devinez.	(Er)Raten Sie.
Faites des hypothèses (*f*).	Äußern Sie Vermutungen.
A quelle page trouvez-vous... ?	Auf welcher Seite finden Sie ...?
Lisez le dialogue.	Lesen Sie den Dialog.
Relisez le poème.	Lesen Sie das Gedicht noch einmal.
Epelez.	Buchstabieren Sie.
Faites correspondre.	Ordnen Sie zu.
Cochez (dans la case)...	Kreuzen Sie (im Kästchen) ... an.
Numérotez.	Nummerieren Sie.
Cherchez dans le texte des mots (*m*)...	Suchen Sie im Text Wörter ...
Ecoutez la cassette ou le CD.	Hören Sie die Kassette oder die CD.
Réécoutez la conversation.	Hören Sie das Gespräch noch einmal.
Vérifiez/Contrôlez à l'aide de la cassette ou du CD.	Überprüfen/Kontrollieren Sie mit Hilfe der Kassette oder der CD.
Répétez.	Wiederholen Sie.
Complétez la phrase/la question/le tableau/la règle.	Ergänzen Sie den Satz/die Frage/die Tabelle/die Regel.
Faites des questions (*f*)/**des phrases** (*f*).	Bilden Sie Fragen/Sätze.
Posez des questions.	Stellen Sie Fragen.
Répondez par *oui* **ou** *non*.	Antworten Sie mit *ja* oder *nein*.
Notez la réponse/les réponses.	Notieren Sie die Antwort/Antworten.
Transformez le texte.	Wandeln Sie den Text um.
Mettez les phrases à la forme négative.	Setzen Sie die Sätze in die verneinte Form.
Traduisez en allemand.	Übersetzen Sie ins Deutsche.
Comparez le résultat avec votre voisin/e.	Vergleichen Sie das Ergebnis mit Ihrem Nachbarn/Ihrer Nachbarin.
Expliquez à votre partenaire...	Erklären Sie Ihrem Partner/Ihrer Partnerin ...
Demandez à votre enseignant/e.	Fragen Sie Ihren Kursleiter/Ihre Kursleiterin.
Choisissez un dialogue.	Wählen Sie einen Dialog aus.
Trouvez des phrases qui vont ensemble.	Finden Sie Sätze, die zusammenpassen.
Classez les expressions (*f*)/**les éléments** (*m*) **donnés**	Ordnen Sie die Ausdrücke/die vorgegebenen Elemente...
Cherchez dans un dictionnaire...	Suchen Sie im Wörterbuch ... heraus.
Travaillez en groupes (*m*) **(de trois).**	Arbeiten Sie in (Dreier)Gruppen.
A deux, jouez la scène.	Spielen Sie die Szene zu zweit.
Ecrivez.	Schreiben Sie (auf).
Résumez.	Fassen Sie zusammen.
Dessinez.	Zeichnen Sie.

Alphabetische Wortliste

- Die **fett** markierten Wörter entsprechen der Wortliste des revidierten VHS-Zertifikats *(= certificat européen de langues/du français).*
- Die Zahlen verweisen auf das erstmalige Vorkommen der Wörter, z. B. **l'auteur** *m* **2.6** 5. = Lektion 2, Lerneinheit 6, Übung 5.
- **E** bedeutet *Entracte*, **RVA** steht für *Rendez-vous d'Affaires* und **ÜA** bezeichnet den Übungsanhang der jeweiligen Lektion, z. B. le bip sonore **4.11 ÜA** 2 = Anhang der Lektion 4, Lerneinheit 11, Übung 2.
- Eine **fett** gedruckte Lektionszahl ohne Angabe der Übung verweist auf die Auftaktseite oder den Titel einer Lektion/Lerneinheit.
- Die Einträge ohne Zahl stammen aus den *Bienvenue*-Seiten.

A

à côté **4.12** 1 (da)neben
à deux **3.8** 7 zu zweit
à droite **4.12** 1 rechts
à gauche **4.12** 1 links
absent/e **4.11 RVA** abwesend
l'accent *m* **1.2** 4 Akzent
accepter **4.10** 10 annehmen, akzeptieren
acheter **3.7** 8 kaufen
l'activité *f* **4.11** 9 Aktivität, Tätigkeit
j'adore (*Inf*: adorer) **2.4** 1 furchtbar gern mögen; anbeten
l'adresse *f* **E.4** Adresse; Geschicklichkeit
adressé/e (à) **E.4** adressiert (an)
l'aéroport *m* **4.11 ÜA** 2 Flughafen
l'Afrique *f* **2.5** 1 Afrika
l'âge *m* **4.12** 1 Alter
l'agenda *m* **4.11** 2 (Taschen)Kalender
l'agent d'assurances *m* **2.5** 6 Versicherungsvertreter
agréable **3.9** 1 angenehm
aider qn **2.5** 1 jdm. helfen
aimer **2.4** 2 lieben, mögen
l'aïoli (*auch*:ailloli) *m* **4.10** 12 *südfrz. Knoblauchmajonäse*
Aix-la-Chapelle **2.6 ÜA** 1 Aachen
l'album *m* **1.3** 4 Schallplatte, LP; Album
l'alcool *m* **4.10** 1 Alkohol
l'Allemagne *f* **2.4** 5 Deutschland
allemand/e *adj* **2.4** 7 deutsch
aller **3.8** 13 gehen, fahren
allô **1.2** 3 Hallo
alors **2.4** 7 also dann
l'alphabet *m* **1.2** 1 Alphabet
l'alsacien *m* **3.8** 5 Elsässisch
l'ami/e *m/f* **3.7** 1 Freund/in
l'amitié *f* **3.7** Gruß; Freundschaft
l'amour *m* **1.2** 9 Liebe
l'ananas *m* **2.6** 3 Ananas
l'année *f* **4.10** 12 Jahr
l'anniversaire *m* **3.9** 1 Geburtstag
l'apéritif *m* **1.1 RVA** Aperitif, „Magenöffner"
l'appareil *m* **3.9 RVA** Apparat; Maschine
un appartement *m* **1.3** 8 eine Wohnung, ein Appartement
l'appartement *m* de vacances **4.12** 7 Ferienwohnung
Je m'appelle... (*Inf*: s'appeler) **1.1** 1 Ich heiße ...
apprendre **4.10** 3 lernen; erfahren
après **2.6 RVA** nach(her)
l'après-midi *m* **4.11** 1 Nachmittag
l'arbre *m* **4.12** 12 Baum
l'architecte *m/f* **1.3 RVA** Architekt/in
l'architecture *f* **2.4 ÜA** 2 Architektur
l'armoire *f* **4.12** 1 Schrank
l'arrivée *f* **4.12 RVA** Ankunft
arriver **3.8** 1 ankommen
l'art *m* **3.8** 5 Kunst
l'artiste *m/f* **4.12** 1 Künstler/in
l'aspirine *f* **1.1 RVA** Aspirin
assez **3.9** 1 ziemlich; genug, ausreichend
l'atelier *m* **4.12** 1 Atelier, Werkstatt
l'atmosphère *f* **4.12** 1 Stimmung, Atmosphäre
attendre **3.8** 1 (er)warten
Attention ! **2.5** 3 Achtung! Vorsicht!
l'attention *f* **3.8** 12 Aufmerksamkeit
au bord de **3.7** 1 am Ufer; am Rand
au fait **3.8** 1 übrigens; eigentlich
au revoir ! **1.1** 1 Auf Wiedersehen!
au secours ! **3.9** 1 zu Hilfe!
aussi **1.3** 7 auch
l'auteur *m* **2.6** 5 Autor/in
l'autobus *m* **1.1 RVA** (Stadt-)Bus
l'autoroute *f* **2.4** 5 Autobahn
autour de **4.11** 5 um (... herum)
avant **4.10** 8 vor(her)
avec **1.2** 3 mit
l'avion *m* **4.11 ÜA** 2 Flugzeug
avoir **3.9** 7 haben
avril **4.12** 1 April

B

la baguette *Stangenweißbrot*
le bain **4.12** 6 Bad
le baiser **3.7** 1 Kuss
le balcon **4.12** 6 Balkon
la banane **1.2** 7 Banane
un bateau, *Pl* -eaux **1.3** 8 ein Boot
beau, bel, belle **3.7** 1 schön
beaucoup **2.4** 1 sehr; viel
Bâle **2.6 ÜA** 1 Basel
belge *adj.* **2.6** 5 belgisch
la Belgique **2.4** 4 Belgien
le beurre **4.11** 5 Butter
bien sûr **2.5** 8 natürlich, selbstverständlich
bientôt **3.8** 1 bald
Bienvenue ! Willkommen!
la bière **1.2** 4 Bier
la bière pression **4.10** 4 Bier vom Fass
le bilan **E.1** Bilanz
le bip sonore **4.11 ÜA** 2 Pfeifton, Piepton
la bise **1.3** 5 *zwei oder mehr Küsschen auf die Wangen zur Begrüßung oder zum Abschied*
le bisou **3.8** 1 Kuss, Küsschen
blanc, blanche **4.11** 3 weiß
bleu/e **4.12** 1 blau
la boisson **4.12 RVA** Getränk
Bon... **1.1** 1 *hier*: Also gut ...
Bonjour ! **1** Guten Tag! Guten Morgen!
la bouillabaisse **2.4** 9 *provenzalische Fischsuppc, mit Brot und Knoblauchsoße serviert*
le bouquet **3.7** 8 (Blumen)Strauß
la boutique **3.7** 8 Laden, Geschäft
la Bretagne **2.4** 8 Bretagne
Britannique **4.10** 12 Brite, Britin
Brunswick **2.6 ÜA** 1 Braunschweig
le budget **1.1 RVA** Budget, Haushaltsplan
le buffet **1.1 RVA** Buffet; Anrichte
le bureau **1.2** 9 Büro; Schreibtisch

C

ça **1.2** das
la cabane **4.10 ÜA** 4 Hütte, Schuppen
le cadeau, *Pl*-eaux **3.9** 1 Geschenk
le café **2.4 ÜA** 2 Kaffee; Kneipe
le café au lait Milchkaffee
la calculatrice **2.4 RVA** Taschenrechner
calme **3.9** 1 ruhig
le calvados **4.10** 4 *frz. Apfelschnaps*

le camembert *frz. Weichkäse*
camper **3.7** 1 zelten, campen
le Canada **2.5** 8 Kanada
le canapé **1.1 RVA** Kanapee; belegtes Schnittchen
la cantine **3.9 RVA** Kantine
la caravane **4.10 ÜA** 4 Wohnwagen; Karawane
la carotte **4.12** 5 Möhre, Karotte
la carrière **1.2** 4 Karriere; Steinbruch
la carte **2.4** (Land)Karte
la carte postale **3.7** 1 Postkarte
la cassette **1.1** 1 Kassette
la cathédrale **4.11** 5 Kathedrale, Dom
le CD **1.1** 1 CD
le CD-ROM **3.7 RVA** CD-Rom
célèbre **4.12** 1 berühmt
la chaise **4.12** 1 Stuhl
la chambre **1.3** 3 (Schlaf)Zimmer
la chambre à coucher **4.12** 10 Schlafzimmer
le champagne **1.2** 5 Champagner
le champignon Pilz
la chance **4.10** 1 Glück; Chance
la chanson Lied
le chant **4.11** 5 Gesang
le chanteur, la chanteuse **2.6** 5 Sänger/in
la chantilly **3.9** 1 Schlagsahne
la charcuterie **2.4** 5 Wurstwaren
charmant/e **2.6** 9 reizend, charmant
le charme Charme, Reiz; Zauber
un chat **1.3** 8 eine Katze
le château, *Pl* -eaux **4.10 ÜA** 4 Schloss; Burg
chaud/e **3.7** 1 heiß
le chauffage **4.12** 7 Heizung
le chauffage central **4.12** 7 Zentralheizung
notre chef *m/f* **2.5 ÜA** 1 unser/e Chef/in
le/la chef **4.11 RVA** Chef/in, Leiter/in
le/la chef de service **4.11 RVA** Abteilungsleiter/in
cher, chère **3.7** 1 lieb; teuer
chercher **1.2** 3 suchen
la chèvre **3.9** 12 Ziege
chez **3.7** 1 bei, zu
chic **2.6** 1 schick, flott
un chien **1.3** 8 ein Hund
le chocolat **2.4** 4 Schokolade
la choucroute **2.6** 1 Sauerkraut
le cinéma **2.4** 7 Kino
cinq **1.3** 1 fünf
Citroën **1.2** 4 *frz. Automarke*
le citron pressé **4.10** 1 frischgepresster Zitronensaft
classer **4.10** 10 einordnen, sortieren
le clavier **3.7 RVA** Tastatur
la clémentine **1.2** 8 Klementine *(kernlose Mandarine)*
le climat **2.4** 1 Klima
le coca(-cola) **4.12 RVA** Coca Cola

cocher **1** ankreuzen
le cognac **4.10** 1 Kognak
le/la collègue **1.1 RVA** Kollege, Kollegin
Cologne **2.6** 1 Köln
combien (de) ? **3.8** 14 wie viel?
comme **1.2** 3 wie
comme (digestif) **4.10** 8 *hier*: als (Verdauungsschnaps)
comment... ? **1.1** 1 wie ... ?
le commercial **2.6 RVA** kaufmännischer Angestellter
la communication **2.5 RVA** Kommunikation
communiquer **2.6** 1 kommunizieren, miteinander sprechen
comparez (*Inf*: comparer) **2.4** 6 vergleichen Sie
complétez (*Inf*: compléter) **1.1** 2 ergänzen Sie
les grands compositeurs **2.4** 5 die großen Komponisten
comprendre **4.10** 3 verstehen
le/la comptable **2.5** 6 Buchhalter/in
le concert **3.8** 16 Konzert
confirmer **4.12 RVA** bestätigen
conjuguer **4.12** 12 konjugieren
Vous connaissez... ? (*Inf*: connaître) **2.4** Kennen Sie ... ?
la consigne **E.3** (Arbeits-)Anweisung; Gepäckaufbewahrung
le contact **1** Kontakt
contrôler **3.9** 12 kontrollieren, prüfen
la conversation **3.7** Gespräch
la coordination **2.5 RVA** Abstimmung, Koordination
la correspondance **3.7** Briefwechsel, Korrespondenz
la Corse **2.4** Korsika
le costume **2.6** 8 Anzug; (Masken)Kostüm
Coucou ! **1** Kuckuck!
la couleur **4.12** 1 Farbe
le courrier électronique **3.7** elektronische Post, e-Mail
le cours **4.11** 4 Kurs; Unterrichtsstunde
le cousin, (la) cousine **2.6** 1 Cousin, Cousine
la cravate **2.6** 8 Krawatte
le crédit **1.1 RVA** Kredit; Gutschrift; Haben
la crêpe **2.4** 9 Pfannkuchen, Crêpe
le croissant **1.2** 5 Croissant, Hörnchen
la cuisine **2.4** 1 Küche
la culture **2.4** 1 Kultur
le curriculum vitae (*Abk.* C.V.) **1.2 RVA** Lebenslauf

D

tout d'abord **2.4** 1 zuallererst
d'accord **2.4** 1 einverstanden, in Ordnung
le dalmatien **2.4** 3 Dalmatiner
dans **1.3** 3 in
le dé **2.4** 3 Würfel
de rien **2.5** 8 bitte (*als Antwort auf „Danke"*)
découvrir **2.6** 5 entdecken
décrire **4.12** 12 beschreiben
le degré **4.10** 1 Grad
le déjeuner **4.12 RVA** Mittagessen
délicieux, -se **2.4** 1 köstlich, lecker
à demain **1.1** 1 bis morgen
demander qch à qn **3.8** 1 jdn. etw. fragen
Demandez (*Inf*: demander) à votre voisin/e. **2.5** 2 Fragen Sie Ihren Nachbarn/Ihre Nachbarin.
le département **1.3 RVA** *Departement; frz. Verwaltungsbezirk; hier*: Abteilung
les dérangements, *m, Pl* **3.8** 10 *hier*: Störungsstelle
déranger **4.10** 1 stören
derrière **4.12** 8 hinter
je suis désolé/e **3.8** 3 tut mir Leid
le dessin **4.12** 4 Zeichnung
dessiner **4.12** 9 zeichnen
à destination de... *f* **3.8** 12 mit Ziel, in Richtung, nach
deux **1.3** 1 zwei
devant **4.12** 1 (da)vor (*örtlich*)
deviner **4.12** 4 herausfinden, erraten
le dialogue **1.1** 1 Dialog, Gespräch
le dictionnaire **4.12 ÜA** 2 Wörterbuch
le digestif **4.10** 2 (Verdauungs)-Schnaps
dimanche **4.11** 1 (nächsten) Sonntag
le dîner **4.10** 1 Abendessen
le directeur, la directrice **4.10 RVA** Leiter/in, Direktor/in
le directeur général **4.11 RVA** Generaldirektor
la direction **4.11 RVA** Leitung
la direction du personnel **4.11 RVA** Personalleitung oder -abteilung
la discussion **2.5 RVA** Diskussion, Besprechung
discuter **2.6** 8 diskutieren; sich unterhalten
le disque dur **3.7 RVA** Festplatte
la disquette **3.7 RVA** Diskette
diversifié/e **2.4** 1 vielfältig
dix **1.3** 1 zehn
dix-huit **1.3** 4 achtzehn
dix-neuf **1.3** 4 neunzehn
dix-sept **1.3** 4 siebzehn
donner **3.8** 1 geben
la douche **4.12 RVA** Dusche
douze **1.3** 4 zwölf
le drapeau, *Pl* -eaux **4.12** 12 Flagge, Fahne
dynamique **4.11 RVA** dynamisch

E

l'eau *f* 4.10 1 Wasser
l'eau minérale *f* 4.10 1 Mineralwasser
l'école *f* 4.10 6 Schule
écouter 1 (zu)hören
l'écran *m* 3.7 RVA Bildschirm
écrivez (*Inf:* écrire) 1.3 1 schreiben Sie
l'électricien/ne *m/f* 2.5 6 Elektriker/in
l'éléphant *m* 1.2 8 Elefant
elle 2.4 2 sie, es
embrasser 3.7 1 umarmen; küssen
l'employé/e *m/f* 2.5 6 Angestellte, -r
en Afrique 2.5 1 in Afrika
nous sommes en vacances 2.5 8 wir sind im Urlaub
encore 3.8 1 (immer) noch
l'enfant *m/f* 2.5 1 Kind
enfin 3.7 1 endlich
ensemble 2.6 1 zusammen, gemeinsam
ensuite E.4 was weiter?; dann, darauf
entendre E.4 hören; verstehen
l'entête de lettre *f* E.4 Briefkopf
l'entracte *m* E Pause, Unterbrechung
entre 4.12 1 zwischen
l'entrée *f* 3.9 5 Eingang; Vorspeise; Ein-, Auffahrt
l'entreprise *f* 1.2 RVA Unternehmen
entrer (dans) 4.12 1 hereinkommen, eintreten; etw. betreten
épeler 1.2 3 buchstabieren
équipé/e (de) 4.12 7 ausgestattet, ausgerüstet (mit)
l'espagnol *m* 4.10 6 Spanisch
espérer 3.7 1 hoffen
et 1 und
l'étage *m* 4.12 1 Geschoss, Stockwerk, Etage
être 1.3 7 sein
l'étudiant/e *m/f* 2.5 6 Student/in
l'euro *m* 1.3 4 Euro
en Europe *f* 2.6 1 in Europa
exagérer 3.9 1 übertreiben
excellent/e 3.9 1 ausgezeichnet, hervorragend
excusez-moi (*Inf:* s'excuser) 1.1 1 entschuldigen Sie mich
expliquer 4.12 11 erklären, erläutern
l'export *m* 2.5 RVA Export
l'expression *f* 3.8 2 Ausdruck

F

la façade 4.12 1 Fassade
faire 2.4 3 machen, tun
faire du sport 4.11 4 Sport treiben
faire la cuisine 4.11 ÜA 3 kochen
la famille 1.2 8 Familie, Verwandtschaft
farci/e 4.10 1 gefüllt
fatigué/e 3.8 1 müde
faux, fausse 3.8 1 falsch
le fax 3.7 Fax(gerät)
faxer 4.10 RVA faxen
la femme 4.10 12 (Ehe)Frau
la femme au foyer 2.5 6 Hausfrau
la fête 1.2 4 Fest, Feier
un bon film *m* 1.3 3 ein guter Film
la firme 4.11 RVA Firma
la fleur 3.7 8 Blume
la flûte de champagne 4.10 4 Glas Champagner
le foie gras 2.4 1 Gänseleberpastete
la foire 4.11 5 Messe; Markt
la fois E.4 Mal
la fondue 4.11 12 Fondue: *Schweizer Käsegericht*
le football 2.4 8 Fußball
la forêt 2.4 5 Wald
la Forêt Noire 2.4 5 Schwarzwälder Kirschtorte; Schwarzwald
former 2.4 4 bilden
formidable 3.7 1 hervorragend
fort *adv* 3.7 1 kräftig, fest; laut
frais, fraîche 3.7 8 frisch, kühl
le/la Français/e 2.4 5 Franzose, Französin
français/e *adj* 2.4 7 französisch
la France 2.4 Frankreich
franchement 3.9 1 also ehrlich (gesagt)
franco-allemand/e 2.6 1 französisch-deutsch
francophone 4.12 12 französischsprachig
les frites *f, Pl* 2.6 5 Pommes Frites
froid/e 3.7 1 kalt
le fromage 2.6 8 Käse
le fruit 4.10 4 Frucht, Obst

G

la garantie 1.1 RVA Garantie
gastronomique 2.6 5 gastronomisch, kulinarisch
le gâteau, *Pl*-eaux 2.4 5 Kuchen
génial/e 4.11 ÜA 3 super, spitze; genial
le genre 3.9 1 Art; Gattung; Genus
les gens *m, Pl* 2.4 12 Leute
gentil/le 3.9 1 nett, freundlich
la géographie 1.2 8 Geografie; Erd-, Länderkunde
le geste 3.7 Geste
le glaçon 4.10 1 Eiswürfel
le grand magasin 3.7 8 Kaufhaus
grand/e 3.7 8 groß
la grenadine 4.10 4 Sirup aus Granatäpfeln
la grippe 4.11 8 Grippe
gros/se 3.7 1 dick
le groupe 1.3 3 Gruppe

H

habiter 3.7 ÜA 2 (be)wohnen
l'harmonie *f* 1.2 8 Harmonie
la haute couture 2.6 1 die führenden Modehäuser
historique 3.7 8 historisch, geschichtlich
l'homme au foyer *m* 2.5 6 Hausmann
horrible 3.9 1 fürchterlich
l'hôtel *m* 1.2 4 Hotel
huit 1.3 1 acht

I

ici 4.10 12 hier
l'idée *f* 4.11 1 Idee, Einfall
l'iglou *m* 4.10 ÜA 4 Iglu
il 2.4 2 er, es
il y a 1.3 3 es gibt
l'île *f* 3.9 1 Insel
l'illustrateur *m* 1.2 2 Zeichner, Illustrator
ils, elles 2.4 2 sie (*3. Pers. Plural*)
l'immeuble *m* 4.10 ÜA 4 (Wohn)Gebäude, Wohnhaus
l'impressionniste *m/f* 4.11 8 Impressionist/in, impressionistische/r Maler/in
l'imprimante *f* 3.7 RVA Drucker
indépendant/e 4.12 7 *hier:* separat; unabhängig
l'indicatif du pays *m* 3.8 10 Ländervorwahl
l'industrie *f* 2.4 5 Industrie
l'infirmier, -ière *m/f* 2.5 6 Krankenpfleger, Krankenschwester
l'informaticien/ne *m/f* 2.5 6 Informatiker/in
l'informatique *f* 1.3 RVA Informatik
l'infusion *f* 4.10 4 (Kräuter)Tee
l'ingénieur *m/f* 1.3 RVA Ingenieur
l'ingénieur chimiste *m/f* 2.6 9 Chemieingenieur/in
l'initiative *f* 1.2 8 Initiative
l'installation *f* 4.11 ÜA 2 Installieren, Einrichten
un instant *m* 1.2 3 Moment mal
intelligent/e 3.8 5 intelligent
l'interview *f* 2.5 8 Interview, Befragung
l'invitation *f* 4.11 Einladung
inviter 4.10 2 einladen
l'iris *m* 4.12 1 Iris, Schwertlilie
l'Italie *f* 2.6 8 Italien
l'italien *m* 4.10 6 Italienisch

J

janvier *m* 4.11 2 Januar
le japonais 3.7 8 Japanisch
le jardin 4.12 1 Garten
le jardinier 4.12 1 Gärtner

jaune 4.12 1 gelb
le jazz 2.4 8 Jazz(musik)
Je suis... (*Inf:* être) 1.1 1 Ich bin ...
Je vous remercie. (*Inf:* remercier) 2.5 8 Ich danke Ihnen.
jeudi *m* 4.11 2 Donnerstag
jeune 2.5 1 jung
joli/e 3.9 1 hübsch, schön
Jouez. (*Inf:* jouer) 1.3 6 Spielen Sie.
le jour 3.7 1 Tag
la journée 4.10 14 Tag (*Ablauf*)
joyeux, -se 3.9 1 fröhlich, lustig
le judo 1.2 8 Judo
juillet *m* 4.12 **RVA** Juli
le jus 4.10 1 Saft
le jus d'orange 4.10 1 Orangensaft
le jus de fruits 4.10 4 Fruchtsaft

K

le kilo 1.2 8 Kilo(gramm)
le kilomètre 3.7 8 Kilometer
le kir 4.10 1 *frz. Aperitif aus Weißwein oder Sekt und Johannisbeerlikör*

L

là 3.8 3 da, dort
là-bas 3.9 1 dort, da (hinten)
la lampe 2.4 **RVA** Lampe, Leuchte
la langue 2.6 1 Sprache; Zunge
le latin 4.10 6 Latein
la lavande 1.2 5 Lavendel
libre 1.2 2 frei
limité/e 2.4 5 begrenzt, beschränkt
la limonade 4.10 4 Limonade
lisez (*Inf:* lire) 1.1 1 lesen Sie
la liste 1.2 8 Liste
le lit 4.11 3 Bett
la littérature 2.4 1 Literatur
le livre 1.3 3 Buch
le logiciel 3.7 **RVA** (Computer)Programm
long, longue 3.7 8 lang
lundi *m* 4.11 2 Montag
le Luxembourg 2.6 1 Luxemburg

M

madame, *Abk.* Mme 1.1 1 Frau
mademoiselle 1.1 1 Fräulein
magnifique 3.7 1 großartig
maintenant 4.11 7 jetzt
une maison 1.3 7 ein Haus
le Mali 4.10 Mali
la mandarine 2.6 9 Mandarine
manger 2.5 4 essen
le mannequin Mannequin; Schaufensterpuppe
le marché 3.7 8 Markt
mardi *m* 4.11 2 Dienstag
le marketing 1.3 **RVA** Marketing
marron *adj* 4.12 1 braun
le martini 4.11 3 Martini (*ital. Wermutgetränk*)
le mas 4.10 12 *Bauernhaus in der Provence*
la mascotte 1.1 1 Maskottchen
mauvais/e 3.9 1 schlecht
le melon 2.6 1 Melone
même 4.12 1 sogar
la mentalité 2.4 1 Mentalität, Lebensart
la menthe à l'eau 4.10 1 *mit Wasser verdünnter Pfefferminzsirup*
le menu 4.12 **RVA** Menü; Speisekarte
la mer 2.4 1 Meer
merci danke
mercredi *m* 4.11 2 Mittwoch
mesdemoiselles *f* 2.5 8 meine Damen
le message 4.11 1 Nachricht, Botschaft
le métro U-Bahn
midi 3.9 **RVA** Mittag (12 Uhr)
mille 3.7 1 tausend
le million 4.10 5 Million
le mimosa 3.7 8 Mimose
le minitel 3.7 *nationales Netz für elektronische Infodienste in Frankreich; vgl. BTX*
la mode 2.4 4 Mode
le mode d'emploi 4.11 5 Gebrauchsanweisung
le modem 3.7 **RVA** Modem
moderne 2.4 7 modern
Moi, c'est... 1.1 1 Ich (*betont*) bin ...
C'est moins. 1.3 6 Es/Das ist weniger.
monsieur, *Abk.* M. 1.1 1 Herr
la montagne 2.4 1 Gebirge; Berg
le monument 3.7 8 Denkmal
mort/e 4.12 1 tot
le mot 4.12 12 Wort
le motif 4.12 1 Motiv; Beweggrund
une moto 1.3 7 ein Motorrad
la mousse au chocolat 2.6 1 *Schokoladencreme*
Munich 2.6 1 München
le musée 3.7 8 Museum
la musique 2.4 4 Musik

N

la nation 1.2 8 Nation, Volk
la nature 2.4 4 Natur
ne... pas 3.7 1 nicht
ne... plus 4.10 12 nicht mehr
ne... rien 4.10 1 nichts
négatif, -ve 3.7 **ÜA** 1 verneint, negativ
neiger 3.7 4 schneien
neuf 1.3 1 neun
neuf, neuve 3.7 neu
Nice 2.6 1 Nizza
noir/e 4.12 1 schwarz
non 1.1 5 nein
moi non plus 2.5 8 ich auch nicht
la Normandie 4.10 Normandie
noter 3.8 6 notieren
nous 2.4 2 wir
nouveau, nouvel, nouvelle 3.8 5 neu
le nuage 3.7 4 Wolke
la nuit 3.7 1 Nacht
le numéro 1.2 3 Nummer, Ziffer
numérotez (*Inf:* numéroter) 1.2 7 nummerieren Sie
le nymphéa 4.12 1 Seerose

O

octobre *m* 4.12 1 Oktober
l'oignon *m* 2.6 1 Zwiebel
l'olive *f* 4.12 5 Olive
l'omelette flambée *f* 2.6 1 flambiertes Omelett
on 2.4 2 man, wir
onze 1.3 4 elf
l'opéra *m* 2.6 8 Oper
optimiste 3.7 8 optimistisch
l'orange *f* 1.2 8 Orange, Apfelsine
orange *adj.* 4.12 1 orange(farben)
l'ordinateur *m* 2.4 **RVA** Computer
l'organigramme *m* 1.1 **RVA** Organigramm
original/e 3.9 1 originell
ou 1.3 7 oder
où ? E.1 wo?
oui 1.2 2 ja

P

la page 1.3 3 Seite
la palette 4.12 1 Palette
le panaché 4.10 4 *hier*: Radler (= *Mischgetränk aus Bier und Limonade*)
le papa 3.7 1 Papa
le papier 1.2 8 Papier
parce que 2.4 1 weil
pardon 1.1 5 Entschuldigung, Entschuldigen Sie
parfait/e 3.8 **ÜA** 1 perfekt
le parfum 2.6 1 Parfüm
parler 2.5 1 sprechen
le/la partenaire 4.12 12 Partner/in
partir 4.10 6 wegfahren; verreisen; abreisen
le passager, la passagère 3.8 12 Passagier/in
passer qn/qch à qn 3.8 1 *hier*: jdn. (weiter)geben, (weiter)reichen
passionnant/e 3.7 1 faszinierend, begeisternd
le pastis 4.10 1 *frz. Anislikör*
la pause 4.12 12 Pause
le pays 2.6 1 Land
le paysage 2.4 1 Landschaft

le peintre **4.11** 5 Maler
la peinture **2.4** 1 Malerei
penser à qn **3.7** 1 an jdn denken
le père **3.8** 1 Vater
le personnel **2.5 RVA** Personal
petit/e **3.7** 1 klein
au petit-déjeuner *m* **1.3** 3 zum Frühstück
la petite annonce **4.12** 7 Kleinanzeige
les petites et moyennes entreprises (*Abk.* P.M.E.) *f, Pl* **1.2 RVA** kleinere und mittelständische Betriebe
peut-être **4.11** 9 vielleicht
la photo **1** Foto(grafie)
la photocopieuse **2.4 RVA** Kopiergerät
la phrase **2.4** 2 Satz
la pièce *f* **4.12** 6 Zimmer; Stück; Theaterstück
le pineau des Charentes **4.10** 3 *frz. Aperitifwein aus Kognak*
la place **1.2** 2 Platz
le plaisir Vergnügen
le plan **4.12** 11 Plan, Grundriss
la plante **2.6** 8 Pflanze
plein/e de... **2.6** 1 voll(er) ...
C'est plus. **1.3** 6 Es/Das ist mehr.
plutôt **4.10** 1 eher, lieber
le poème **3.8** 16 Gedicht
le poète *m/f* **4.11** 3 Dichter/in
la police **3.8** 10 Polizei
la politique **2.4** 8 Politik
les pompiers *m, Pl* **3.8** 10 Feuerwehr(leute)
la porte **1.3** 4 Tür; *hier*: Flughafengate
les portes ouvertes *f, Pl* **4.11** 5 *hier*: Tag der offenen Tür
le porto **2.6** 1 Portwein
poser des questions **3.8** 6 Fragen stellen
la poste **4.11** 5 Post
pour **1.1** 9 für, zu; um ... zu
pour ça **4.11 ÜA** 2 dafür, deswegen
pourquoi ? **2.4** 1 warum?
préféré/e **4.12** 4 Lieblings-
préférer **4.11** 8 vorziehen, bevorzugen
premier, -ière **1** erste, -r, -s
prendre **4.10** 3 nehmen
le prénom **E.4** Vorname
préparer **4.12 RVA** vor-, zubereiten
le président-directeur général (*Abk.* P.D.G.) **1.2 RVA** Vorstandsvorsitzender; leitender Angestellte
presque **4.11 RVA** fast
prévu/e **4.12 RVA** vorgesehen, geplant
le problème **2.5 RVA** Problem
prochain/e **4.10 RVA** nächste, -r, -s
la production **1.1 RVA** Produktion, Herstellung
le produit **2.5 RVA** Produkt
le professeur *m/f* **2.5** 6 Lehrer/in
le projet **4.10 RVA** Plan; Projekt
la promenade **3.7** 8 Promenade; Spaziergang
proposer **4.10** 10 anbieten; vorschlagen
la propreté des villes **2.4** 5 die Sauberkeit der Städte
provençal/e **4.10** 12 provenzalisch
le public **4.12** 1 Öffentlichkeit; Publikum
puis **3.7** 1 dann
la pyramide **1.2** 5 Pyramide

Q

qu'est-ce que...? **4.10** 1 was ... ?
la qualité **1.2** 8 Qualität; (positive) Eigenschaft
quand ? **4.11** 1 wann?
quand **3.7** 8 wenn, als *Konj.*
quatorze **1.3** 4 vierzehn
quatre **1.3** 1 vier
le Québec **4.10** (die Provinz) Quebec
le Québécois, la Québécoise **3.7** 1 Einwohner/in von Québec
quel/le **3.7** 4 welcher, welche, welches
quelque chose **4.10** 1 etwas
quelques *Pl* **3.8** 10 einige, ein paar
la question **1.1** 5 Frage
qui... ? **1.1** 1 wer ... ?
la quiche **2.6** 1 Quiche
quinze **1.3** 4 fünfzehn
quoi... ? **3.7** was ... ?

R

la raclette **4.11** 1 *Schweizer Käsegericht*
raconter **4.10** 12 erzählen
le radis **4.11** 3 Radieschen
la raison **3.9** 1 Recht; Grund; Vernunft
la randonnée **3.7** 1 Wanderung, Tour
le rap **1.3** 5 Rap-Musik
rappeler qn **3.8** 1 jdn. zurückrufen
la ratatouille **4.10** 12 *provenzalisches Gericht aus versch. Gemüsen*
Ratisbonne **2.6 ÜA** 1 Regensburg
ravi/e **3.7** 1 hocherfreut, entzückt
réécouter **4.11** 5 noch einmal (zu)hören
refuser **4.10** 10 ablehnen; verweigern
regarder **1** (an-)schauen, ansehen
la région **4.10** 12 Gegend, Region
régional/e, *Pl* -aux **4.10 ÜA** 3 örtlich, lokal, landestypisch
la règle **2.6** 3 (Grammatik)Regel
la relation **2.6** 1 Beziehung
relire **3.8** 13 noch einmal lesen
remercier qn **2.5** 8 jdm. danken
le rendez-vous Verabredung; Termin
le rendez-vous d'affaires **1.1 RVA** geschäftliche Verabredung
les renseignements *m, Pl* **3.8** 10 *hier*: Telefonauskunft; Auskünfte; Angaben
répéter **1.2** 2 wiederholen
le répondeur **4.11** 1 Anrufbeantworter
la réponse **3.8** 6 Antwort
la république **1.2** 8 Republik
réputé/e **2.4** 5 berühmt, geschätzt
la réservation **4.12 RVA** Reservierung, Bestellung
la responsabilité **1.2 RVA** Verantwortung
responsable pour/de **4.11 RVA** verantwortlich für
ressembler à qch/qn **4.12** 1 etw./jdm. ähneln, ähnlich sehen
restaurer **4.12** 1 renovieren, restaurieren
rester jeune **2.5** 1 jung bleiben
la restructuration **2.5 RVA** Restrukturierung
le résultat **3.8** 7 Ergebnis, Resultat
résumez (*Inf*: résumer) **2.5** 8 fassen Sie zusammen.
le/la retraité/e **2.5** 6 Rentner/in
le rétroprojecteur **4.12 RVA** Overheadprojektor
retrouver **4.12** 1 wieder finden
la Réunion **3.7** 1 (die Insel) Réunion
la robe **2.6** 1 Kleid
romantique **2.6** 11 romantisch
rond/e **4.12** 5 rund
la rose **2.4** 4 Rose
rose *adj* **4.12** 1 rosa
rouge **4.12** 1 rot
la rue **3.7** 8 Straße

S

la saison **3.9** 1 Jahreszeit, Saison
la salle à manger **4.12** 1 Esszimmer
la salle de bain(s) **4.12** 6 Badezimmer
la salle de conférence **4.12 RVA** Besprechungs-, Konferenzraum
le salon **4.12** 1 Wohnzimmer
Salut ! **1** Hallo! Grüß' dich! Tschüss!
la salutation **1** Begrüßung; Gruß
samedi **4.11** 1 (nächsten) Samstag
le SAMU = le Service d'Aide Médicale d'Urgence **3.8** 10 *ärztlicher Notdienst in Frankreich*
sans **4.10** 1 ohne
la santé **3.9** 1 Gesundheit
sauf **4.12** 1 außer
la scène **4.11** 9 Szene; Bühne
se présenter **3.8** 12 *hier*: sich melden; sich vorstellen
se trouver **4.12** 1 sich befinden
le/la secrétaire **1.1 RVA** Sekretär/in
seize **1.3** 4 sechzehn

la semaine **4.10 RVA** Woche
sept **1.3** 1 sieben
en septembre **3.9** 1 im September
le service **4.11 RVA** *hier*: Abteilung; Bedienung
le shopping **3.7** 8 Einkaufen, Einkaufsbummel
la signature **E.4** Unterschrift
signé/e **E.4** unterzeichnet, -schrieben
la situation **1.2** 8 Situation
six **1.3** 1 sechs
le ski **2.6** 8 Ski(sport), Skifahren
la société **1.2 RVA** Gesellschaft
la société à responsabilité limitée (*Abk.* S.A.R.L.) **1.2 RVA** Gesellschaft mit beschränkter Haftung (GmbH)
le soir **3.8** 3 Abend
la soirée **4.11** 5 Abend(veranstaltung)
la soupe **2.6** 1 Suppe
la souris **3.7 RVA** Maus
sous **4.12** 8 unter
souvent **2.5** 8 oft, häufig
la spécialité **2.6** 5 Spezialität
le sport **2.6** 1 Sport
le square **E.4** *kleine Grünanlage*, Platz
la statue **E.4** Denkmal, Statue
Strasbourg **2.6** 1 Straßburg
la stratégie **2.5 RVA** Strategie
le studio **4.12** 7 Einzimmerwohnung
le sucre **2.6** 8 Zucker
sucré/e **4.12** 5 süß
le Sud **4.10** 12 Süden
la Suisse **2.4** 4 Schweiz
suisse *adj* **2.4** 7 schweizer(isch)
sur **4.12** 4 auf
sûrement **4.10** 12 sicherlich, bestimmt
surtout **2.6 RVA** besonders, vor allem
sympa, sympathique **3.7** 1 sympathisch, nett

T

la table **4.12** 1 Tisch
le tableau, *Pl* -eaux **2.6** 3 Tabelle; Bild, Gemälde; Tafel
tant pis **3.8** 3 macht nichts
la tasse **4.12** 9 Tasse
la taxe **1.2 RVA** Steuer
la taxe à la valeur ajoutée (*Abk.* T.V.A.) **1.2 RVA** Mehrwertsteuer
le taxi **4.10** 6 Taxi
la télécopie **1.3 RVA** Fax
le télégramme **3.7** Telegramm
le téléphone portable **1.3 RVA** Mobiltelefon, Handy
téléphoner à qn **2.6** 8 jdn. anrufen
la télévision **3.8** 4 Fernsehen
le télex **3.7** Telex
le temps **3.7** 1 Wetter; Zeit
le tennis **2.6** 8 Tennis
la tente **4.10 ÜA** 4 Zelt
la terrasse **4.10** 1 die Terrasse
le texte **3.7** 1 Text
le thé **1.2** 4 Tee
le théâtre **1.2** 5 Theater
le théâtre municipal **4.11** 5 städtisches Theater
le thème **2.5 RVA** Thema
et toi... **1.1** 1 und du (*betont*)
les toilettes *f, Pl* **4.12** 6 Toiletten
la tomate **4.10** 1 Tomate
toujours **4.10** 12 immer (noch)
touristique **3.9** 1 touristisch
tout à fait **4.10** 12 gewiss, ganz genau
traduisez (*Inf*: traduire) **2.6** 6 übersetzen Sie
le train **1.2 RVA** Zug
le train à grande vitesse (*Abk.* T.G.V.) **1.2 RVA** ICE (Hochgeschwindigkeitszug)
transformer **2.6** 9 umwandeln
le travail **2.5** 1 Arbeit
travailler **2.5** 1 arbeiten
treize **1.3** 4 dreizehn
très **2.4** 1 sehr
trois **1.3** 1 drei
le trottoir **1.1 RVA** Bürgersteig, Trottoir
trouver **3.9** 4 finden
tu **2.4** 2 du
la tulipe **1.2** 8 Tulpe
typique **4.10** 12 typisch

U

un **1.3** 1 eins
l'union *f* **1.2** 8 Union; Bündnis
utile **3.8** 9 nützlich

V

les vacances *f, Pl* **2.5** 1 Ferien
le vase **1.2** 8 (Blumen)Vase
un vélo **1.3** 8 ein Fahrrad
vendredi *m* **4.10 RVA** Freitag
venir **4.11** 6 kommen
le vent **3.7** 4 Wind
la vente **4.11 RVA** Verkauf
vérifier **3.8** 1 (über)prüfen
le vernissage **4.11** 5 Eröffnung, Vernissage
le verre **4.10** 4 Glas
vert/e **4.12** 1 grün
la veste **2.6** 1 Jacke
la vie **2.4** 12 Leben
la villa **4.10 ÜA** 4 Villa, Landhaus
le village **4.12** 1 Dorf
la ville **2.6** 1 Stadt
le vin français **2.4** 1 französischer Wein
le vin de palme **4.12** 12 Palmwein
vingt **1.3** 4 zwanzig
violet/te **4.12** 1 lila, violett
visiter **3.7** 8 besichtigen
la vitesse **1.2 RVA** Geschwindigkeit
le vocabulaire **4.12** 2 Wortschatz, Vokabular
le/la voisin/e **2.5** 2 Nachbar, Nachbarin
une voiture **1.3** 7 ein Auto
le vol **3.8** 11 Flug
volontiers **4.11** 1 gerne, mit Vergnügen
vouloir **4.10** 3 wollen
...et vous ? **1.1** 1 ... und Sie/ Ihr?
le voyage **2.6** 8 Reise
voyager **2.5** 1 reisen
le voyageur, la voyageuse **4.12** 12 Reisende/r
vrai/e **3.8** 1 richtig; wahr
vraiment **3.9** 1 wirklich

W

les W.-C. *m, Pl* **4.12 RVA** Toiletten
le wagon **1.2** 8 Waggon
le week-end **3.7** 1 Wochenende
le whisky **4.10** 1 Whisky

X

le xylophone **1.2** 8 Xylofon

Y

le yaourt **1.2** 8 Joghurt

Z

la zone industrielle (*Abk.* Z.I.) **1.2** 9 Industriegebiet
la zoologie **1.2** 8 Zoologie
Zut ! **4.10** 1 Mist! Verdammt!

1

b.
1. Bună ziua ! (Rumänisch)
2. Buongiorno! (Italienisch)
3. Bonjour !
4. Hola, buenos días ! (Spanisch)
5. Salut !
6. Dzeń dobry ! (Polnisch)
7. Coucou !
8. Allora ciao ! (Italienisch)

1.2

3
1.
• Allô, oui ?
– Je voudrais le numéro de téléphone de madame Pascal à Bordeaux, s'il vous plaît.
• Pasquale avec "q-u" ?
– Non, avec un "c", P-A-S-C-A-L.
• C'est le 05.56.38.27.16.
– Merci.

2.
Δ Allô ? Je cherche le numéro de téléphone de monsieur René Thibauld à Marseille.
+ Vous pouvez épeler, s'il vous plaît ?
Δ Oui... T-H-I-B-A-U-L-D. Je répète : THIBAULD.
+ Un instant, s'il vous plaît...

3.
◊ Vous pouvez me donner le numéro de téléphone de madame Briand à Paris, s'il vous plaît ?
• De madame... ? Vous pouvez répéter, s'il vous plaît ?
◊ Oui. Briand avec un "d" comme Danièle.

1.3

3 a.
a. Nous sommes dix dans le groupe.
b. Monsieur Ballotin ? C'est le bureau numéro six.
c. Il mange trois croissants au petit-déjeuner.
d. A la télé, il y a un bon film sur la deux.
e. Je suis né le huit avril.
f. Six croissants, s'il vous plaît.
g. Voilà, c'est la chambre numéro neuf.
h. Regardez dans le livre page sept.

4 c.
a. Ça fait 19 euros.
b. Je m'appelle Isabelle et j'ai treize ans.
c. C'est à 12 stations de métro.
d. Terminal A, porte 20.
e. J'ai une Citroën de 15 ans.
f. L'album numéro 18 de Charles Aznavour.

2.4

1 a.
Journaliste : Pourquoi vous aimez la France ?
– Alors moi, tout d'abord, parce que le climat est super !
• Je trouve qu'en France, il y a un paysage très diversifié, la mer, la montagne... J'aime beaucoup les paysages de Provence.

Journaliste : Et vous, pourquoi vous aimez la France ?
– Nous aimons la France parce que la cuisine est délicieuse !

Journaliste : Et vous ?
– Moi aussi, je suis tout à fait d'accord !
• Oui, moi aussi ! J'adore le foie gras et le vin français !

Journaliste : Et vous, pourquoi vous aimez la France ?
– J'aime bien la culture française, la littérature, la peinture, etc... Et j'aime aussi la mentalité des Français !

5 a.
1. En Allemagne, j'aime bien les autoroutes parce qu'on peut y rouler rapidement, la vitesse n'est pas limitée.
2. Ce que je préfère le plus, c'est la bière, très réputée.
3. Moi, en Allemagne, j'adore la charcuterie.
4. Moi, ce que j'admire, c'est l'industrie.
5. J'aime beaucoup les grands compositeurs de musique classique comme Bach, Beethoven...
6. Ce que j'aime en Allemagne, c'est le paysage, c'est la propreté des villes et les gâteaux, comme la Forêt Noire que j'aime beaucoup.

2.5

8 a.
J : Journaliste , G. L. : Guy Lambert ; G. : Géraldine Lefranc, J.R. Jacqueline Robin
J : Pardon, monsieur, c'est pour une interview...
G.L. : Oui...
J : Vous travaillez ?
G.L. Oui, je travaille.
J : Et... vous voyagez pour votre travail ?
G.L. : Oui, je vais souvent en Belgique et au Canada.
J : Vous aimez voyager ?
G.L. : Ah, oui ! Je voyage pour mon travail, mais pour mon plaisir aussi !

J : Vous parlez anglais ?
G.L. : Je parle anglais et allemand.
J : Vous êtes monsieur... ?
G.L. : Lambert, Guy Lambert.
J : Je vous remercie, monsieur.
G.L. : De rien. Au revoir.
J : Pardon, mesdemoiselles, c'est pour une interview...
G. + J.R. : Oui...
J : Vous aimez voyager ?
G. : Bien sûr, on aime voyager !
J : Vous travaillez ?
J.R. : Oui, nous travaillons dans une grande entreprise de pharmacie toutes les deux.
J : Vous voyagez pour le travail ?
G. Non, non, nous sommes en vacances.
J : Vous parlez anglais ?
G. + J.R. : Oui, très bien.
J : Et vous parlez aussi allemand ?
G. : Non, pas du tout.
J : Et vous ?
J.R. : Non, moi non plus.
J : Vous vous appelez comment ?
J.R. : Jacqueline Robin.
J : Et vous ?
G. : Moi, c'est Géraldine Lefranc.
J. : Merci.

2.6

4
1. J'aime la baguette et le vin.
2. Les fromages français sont délicieux.
3. Elle aime les oranges et les ananas.
4. Les Français aiment aussi la bière.

3.8

12
1. Arrivée en provenance de Milan, vol Alitalia 111.
2. Les passagers du vol Air France 200 à destination de Barcelone sont priés de se présenter porte n° 2.
3. Arrivée en provenance de Dakar, vol Air France 407.
4. Les passagers du vol Air Canada 325 à destination de Toronto sont invités à se présenter porte n° 3.
5. Votre attention, s'il vous plaît : le vol Lufthansa 630 en provenance de Munich aura trente minutes de retard.
6. Arrivée en provenance de Stockholm, vol SAS 810.

4.11

1 a.
(Anrufbeantworter Isabelle)
Bonjour, vous êtes bien chez Isabelle Lejeune. Je ne suis pas là pour le moment, mais si vous me laissez vos coordonnées, je vous rappellerai dès mon retour.

1 b.
(Anrufbeantworter Nicolas)
Bonjour ! Je ne suis pas là. Ayez la gentillesse de me laisser un message après le bip sonore.

5 a. et b.
Jeudi 6 : porte ouverte à la poste, de 9 à 18 h
Dimanche 9, à 20 h : Soirée autour de la musique et des chants de Normandie à la cathédrale
Mercredi 12, à 20 h, au Théâtre Municipal : "Antigone" de Jean Anouilh
Lundi 17, à 18 h : Vernissage avec le peintre Rohner au Musée d'Evreux
Vendredi 21, au cinéma GALAXIE, film de Claude Lelouch "Hommes et femmes, mode d'emploi"
Samedi 22, à 19 h : Soirée à thème au Château du Champ de Bataille
Mardi 25, de 9 à 20 h : fête paysanne et foire au beurre

4.12

10 a.
Entrez, madame ! ... Alors, à droite, vous avez le salon et la salle à manger avec vue sur le jardin. A gauche, il y a la cuisine. Elle est grande et tout équipée... Et à côté, il y a la chambre à coucher et, entre la chambre et le salon-salle à manger, une belle salle de bains.

Lösungen Lektionen

Bienvenue

Freie Übung

1

a. *Freie Übung*

b. 3 - 5 - 7

1.1

1 a. *Freie Übung*

b. 1 - 4 - 5

c. *Begrüßung:* Bonjour ! - Salut !
Abschied: Salut ! - Au revoir ! - A demain !

d. *Freie Übung*

2
Bonjour, madame Ménard !
Bonjour, madame Denom !

Salut, Sébastien !
Salut, Fanny !

Au revoir, madame !
Au revoir, mademoiselle !

Anhang Übung 1, siehe Lösungen, Seite 156

3 a. *tu*/Du: 2 - 4
vous/Sie: 1 - 3 - 5

b.	*Begrüßung*	*Abschied*
tu/Du:	Bonjour ! Salut !	Au revoir ! Salut !
vous/Sie:	Bonjour !	Au revoir !

4 a. und b. *Freie Übungen*

5 a.
1. vous ; 2. tu ; 3. vous - vous ; 4. vous

b.
3 - a. Moi, *c'est* Eric Denom.
1 - b. Non, *je suis* madame Pernel.
2 - c. *Je* m'appelle Bertrand.
4 - d. Non, moi, *c'est monsieur Rolland.*

c. *Freie Übung*

6 a. *Lösungsvorschläge:*
Dialog, in dem man sich duzt
– Salut ! Moi, c'est Alfred. Et toi ?
∆ Moi, c'est Julia.
– Ça va, Julia ?
∆ Ça va, merci.
– Salut !
∆ Salut !

Dialog, in dem man sich siezt
– Bonjour, monsieur ! Je suis madame Steiger, et vous ?
• Je suis Bernd Krüger. Ça va ?
– Ça va, merci. Et vous ?
• Ça va.

b. *Freie Übung*

Anhang Übungen 2 und 3, siehe Lösungen, Seite 156

7
1. Excusez-moi, j'ai rendez-vous.
2. A demain !
3. Au revoir, madame !
4. Ça va ?
5. Tu t'appelles comment ?

8 *Freie Übung*

9 *Freie Übung*

1.2

1 a. e, g, h, j, q, u, v, w, y, z

b. *Vgl. Kassette/CD*

2 a. Die Personen kennen sich noch nicht. Thierry Duchesne ist in der Tat der Zeichner von Pont NeuF entrée.

b. La place est libre ? ; Pardon ? ; Vous pouvez répéter, s'il vous plaît ? ; Ça s'écrit comment ?

3 Pascal, Thibauld, Briand

4 a. hôtel, caf**é**, **Ç**a va., vous **ê**tes, bi**è**re, Citro**ë**n

b. café = e accent aigu ; bière = e accent grave ; vous êtes = e accent circonflexe ; Citroën = e tréma ; hôtel = o accent circonflexe ; Ça va. = c cédille

c. m**é**tro, Fran**ç**ois, f**ê**te, h**ô**tel, carri**è**re, Ast**é**rix, th**é**, Lo**ï**c

5 1. champagne ; 2. Obélix ; 3. croissant ; 4. lavande ; 5. Citroën ; 6. bière ; 7. café ; 8. mannequin ; 9. théâtre ; 10. pyramide

6 a. und b. *Freie Übungen*

Anhang Übung 1, siehe Lösungen, Seite 156

7 a.
1. Andersen ; 2. Romy Schneider ; 3. Hermann Hesse ; 4. Berlin ; 5. Mozart ; 6. Mercedes ; 7. Baden-Baden ; 8. Gutenberg ; 9. Zürich

b. Betonung auf der letzten Silbe

8 banane ; initiative; liste ; orange ; situation ; vase ; zoologie

Anhang Übung 2, siehe Lösungen, Seite 156

9 a. [y] wie in Tür
salut - bienvenue

[o] wie in Floh
kilo - Bordeaux - au revoir

[u] wie in Kuh
bonjour - rendez-vous

b. [y] wie in Tür
union - tulipe
république - bureau
judo

[o] wie in Floh
de Gaulle - bureau
café au lait - judo

[u] wie in Kuh
amour - Pompidou
vous - yaourt

10 *Freie Übung*

11 *Freie Übung*

1.3

1

un : 1	quatre : 4	sept : 7	dix : 10
deux : 2	cinq : 5	huit : 8	
trois : 3	six : 6	neuf : 9	

2
1 - 7- 4   3 - 2 - 5   8 - 6 - 9

3 a.
a. 10 ; b. 6 ; c. 3 ; d. 2 ; e. 8 ; f. 6 ; g. 9 ; h. 7
Vgl. Hörtext im Lehrbuch, Seite 145

b. Bei *six* und *dix* ändert sich die Aussprache, wenn ein Substantiv folgt.

Anhang Übungen 1 und 2, siehe Lösungen, Seite 156

4 a.

dix + *deux* = douze	dix + *six* = seize
dix + *trois* = treize	dix + *sept* = dix-sept
dix + *quatre* = quatorze	dix + *huit* = dix-huit
dix + *cinq* = quinze	dix + *neuf* = dix-neuf

b. *Freie Übung*

c. a. 19 ; b. 13 ; c. 12 ; d. 20 ; e. 15 ; f. 18
Vgl. Hörtext im Lehrbuch, Seite 145

5 1. page 15   3. page 10   5. page 14
2. page 8   4. page 15   6. page 12

6 *Freie Übung*

Anhang Übung 3, siehe Lösungen, Seite 156

7 a. *Vgl. Kassette/CD*

b.
j'*ai*
vous *avez*
Wenn das Verb mit einem Vokal anfängt, wird *je* zu *j'*.

8 a. und b. *Freie Übungen*

9
1. J'ai une voiture.
2. Vous avez un chien ?
3. Pardon/Excusez-moi !
4. La place est libre ?
5. Ça s'écrit comment ?
6. Bonjour, madame !
7. Vous êtes... ?/Qui êtes-vous ?
8. Moi, c'est... / Je m'appelle...
9. Au revoir !

10 *Freie Übung*

2

a. Lille, Rouen, Paris, Metz, Strasbourg, Brest, Nantes, Orléans, Bordeaux, Lyon, Nice, Marseille

b. *Freie Übung*

2.4

1 a. la mer ; le climat ; la Provence ; la mentalité ; la littérature ; la cuisine ; la culture ; le vin ;
Vgl. Hörtext im Lehrbuch, Seite 145

b. *Freie Übung*

2 a. j'*aime* ; nous *aimons* ; vous *aimez*
Vgl. Kassette/CD

b. (j') aim<u>e</u>, (tu) aim<u>es</u>, (il/elle/on) aim<u>e</u>,
(ils/elles) aim<u>ent</u> = [ɛm]
Vgl. Kassette/CD

3 *Freie Übung*

4 a. *Lösungsvorschläge:*
Le Petit Prince aime la rose.
Moi, j'aime la nature / la baguette / la mode / Paris.
Vous aimez la nature / le chocolat / la Provence ?
Ravel et Bach aiment la musique.
Nous aimons la Belgique / les chansons.
Catherine Deneuve aime la mode.
Van Gogh aime la nature / la peinture / Paris.
Lagerfeld et moi, nous aimons la mode / Paris.
Edith Piaf et Patricia Kaas aiment les chansons / la musique.
Tu aimes la baguette / la mode / la Suisse ?

b. *Le Petit Prince...* = Il aime la rose ; *Ravel et Bach...* = Ils aiment la musique ; *Catherine Deneuve...* = Elle aime la mode ; *Edith Piaf et Patricia Kaas...* = Elles aiment les chansons ; *Lagerfeld, Patricia Kaas et Catherine Deneuve...* = Ils aiment Paris.

Anhang Übung 1, siehe Lösungen, Seite 156

5 a. 1. les autoroutes ; 2. la bière ; 3. la charcuterie ; 4. l'industrie ; 5. la musique ; 6. la propreté ; 7. les gâteaux
Vgl. Hörtext im Lehrbuch, Seite 145

b. Qui aime les autoroutes ? Un Français.
Qui aime les gâteaux ? Une Française.
Vgl. Hörtext im Lehrbuch, Seite 145

Anhang Übung 2, siehe Lösungen, Seite 156

6 a. *Vgl. Kassette/CD*

b. b ankreuzen

c. *Freie Übung*

7 a.
1. Tu aimes le chocolat suisse ?
2. J'aime la cuisine allemande.
3. J'aime la littérature française et le cinéma.
4. Vous aimez la peinture moderne ?
5. Elle aime la Provence.
6. Tu t'appelles comment ?
7. Ça va ?
8. La place est libre ?
9. Ça s'écrit avec un "s" ?
10. Alors, à demain.

b. *Freie Übung*

Anhang Übung 3, siehe Lösungen, Seite 156

8 a. und b. *Freie Übungen*

Anhang Übung 4, siehe Lösungen, Seite 156

9 *Freie Übung*
Les crêpes (Spezialität aus der Bretagne) - Le foie gras (Spezialität aus dem Périgord, Elsaß) - La bouillabaisse (Spezialität aus Marseille) - Le Saint-Emilion (Wein aus Bordeaux)

10 a. *Vgl. Kassette/CD*

b. [wa] wie in *voiture* = trois, pourquoi, Benoît
[ɥi] wie in *Suisse* = je suis, huit, cuisine

11
1. J'aime la Provence.
2. C'est allemand.
3. Vous aimez la cuisine française ?
4. Pourquoi vous aimez la France ?
5. C'est allemand ?

12 *Freie Übung*

2.5 **1 a.** parler = sprechen ; travailler = arbeiten ;
rester jeune = jung bleiben ; voyager = reisen

b. *Freie Übung*

c.

1. d.	3. f.	5. e.	7. h.
2. a.	4. b.	6. c.	8. g.

2 *Freie Übung*

3 a. tu parl*es* il/elle/on parl*e* ils/elles parl*ent*

b. *Freie Übung*

4 *Freie Übung*

5
1. Je *parle* allemand et français.
2. Nous *travaillons* beaucoup.
3. Elle *aime* l'Afrique.
4. Tu *restes* à Dresde ?
5. Nous *voyageons* beaucoup.
6. Je *reste* en Allemagne.
7. Il *parle* avec les Français.
8. Ils *aiment* la baguette et le vin.

Anhang Übungen 1 und 2, siehe Lösungen, Seite 156

6 *Lösungsvorschlag:*
Je suis informaticien. Je voyage pour le travail. Je parle allemand et français. J'aime la France.

7 a. und b. *Freie Übungen*

8 a.

INTERVIEW : "VOYAGES"

Nom :		Guy Lambert	Géraldine Lefranc / Jacqueline Robin
travaille :	oui	☒	☒
	non	☐	☐
voyage pour :	le plaisir	☒	☒
	le travail	☒	☐
parle :	anglais	☒	☒
	allemand	☒	☐

b. Jacqueline Robin et Géraldine Lefranc travaill*ent*. Elles *aiment* voyager. Elles *parlent* anglais.
M. Lambert *travaille. Il voyage pour le travail et le plaisir. Il parle anglais et allemand.*

c. *Freie Übung*

Anhang Übung 3, siehe Lösungen, Seite 156

9 a. *Lösungsvorschlag:*
voyager - café au lait - parfum - parler - aimer ...

b. *Lösungsvorschlag:*
Le plaisir, c'est voyager ; c'est le café au lait, le parfum ; c'est parler, aimer...

10
1. J'apprends le français pour voyager.
2. Vous travaillez à Leipzig ?
3. Je travaille beaucoup.
4. Pourquoi vous apprenez le français ?
5. Vous connaissez la France ?

11 *Freie Übung*

2.6

1 *Freie Übung*

2 **a.** *Freie Übung*

b.

Pays et villes	Gastronomie	Mode
l'Europe, la France, la Suisse, la Belgique, le Luxembourg, Cologne, Munich, Strasbourg, Nice	la soupe à l'oignon, le melon au porto, la quiche, l'omelette flambée, le camembert, la mousse au chocolat, la bière, la choucroute	les parfums, la haute couture, les robes, les vestes

c. *Lösungsvorschläge:*

Paris, Lyon, Bordeaux	le champagne, la baguette, le champignon, le café au lait	Chanel, le mannequin

Anhang Übung 1, siehe Lösungen, Seite 156

3 **a.**

Singular männlich	weiblich	Plural männl. + weibl.
le *melon*	la *soupe*	les *parfums*
le *porto*	la *bière*	les *vestes*
l'*oignon*	l'*omelette*	

b. Im Französischen gibt es nur *zwei* Geschlechter. Der bestimmte Artikel im Singular lautet männlich *le*, weiblich *la*, im Plural *les*. Bei Wörtern, die mit Vokal (a, e, i, o, u) anfangen, lautet der bestimmte Artikel *l'* und gilt für beide Geschlechter.

c. Das Plural der Substantive wird mit *-s* gebildet. Dieses -s wird jedoch nicht ausgesprochen.

4
1. la baguette et le vin ; 2. les fromages ;
3. les oranges et les ananas ; 4. la bière
Vgl. Hortext im Lehrbuch, Seite 146

5
...
- Vous êtes *l'*auteur de Pont NeuF ?
– Non, je suis *l'*illustrateur.
...
– Pour connaître *les* gens du pays et découvrir *les* spécialités gastronomiques.
...
- Vous aimez *la* cuisine belge ?
– *La* cuisine belge ? Eh bien, j'adore *les* frites et *le* chocolat belge.
- Et *la* musique ? Vous connaissez *le* chanteur belge Jacques Brel ?
– Oui, j'aime beaucoup *la* chanson *Ne me quitte pas.*

6

Vous aimez la choucroute ?	Essen Sie gerne Sauerkraut?
J'aime les Français.	Ich mag die Franzosen.
J'aime manger.	Ich esse gerne.
Roméo aime Juliette.	Romeo liebt Julia.
Je t'aime.	Ich liebe Dich.

Aimer kann im Deutschen *mögen, gerne haben* oder *lieben* heißen.

7 *Freie Übung*

8 **a.** und **b.** *Freie Übungen*

9 **a.** je *suis* ; vous *êtes* ; ils/elles *sont*

Anhang Übungen 2 und 3, siehe Lösungen, Seite 156

b.
On aime le sport ; On parle politique ; On est cousins ; On voyage beaucoup.

c.
1.*Tu* es chic.
2. *Il/Elle/On/C'*est super.
3. Pierre et moi, *on* est cousins.
4. *Nous* sommes Allemands.
5. *Ils/Elles* sont de Bordeaux.
6. *C'*est une orange ou une mandarine ?
7. *Je* suis ingénieur chimiste.
8. *Vous* êtes charmant.

10
1. J'aime voyager. 2. La place est libre. 3. J'aime la Suisse.
4. Vous parlez allemand ? 5. Vous aimez le football ?

11 [k] = ch, que, c

3

la conversation - le téléphone - la correspondance - les gestes

3.7

1 **a.** *Freie Übung*

b.
1. A la Réunion, il fait très chaud.
2. A Montréal, il ne fait pas beau.
3. A Nice, le temps est magnifique.
4. A Toulouse, le temps n'est pas formidable.

2
Il fait beau/chaud.
Le temps n'est pas formidable.
Il fait hyper/très chaud.

3 a.
Die französische Verneinung besteht aus 2 Teilen: *ne* bzw. *n'* steht vor dem Verb, *pas* steht nach dem Verb.

b.
1. A Montréal, il fait beau, mais à Toulouse, *il ne fait pas beau.*
2. A Nice, le temps est formidable, mais à Paris, le temps *n'est pas formidable.*

4 a. und b. *Freie Übungen*

Anhang Übung 1, siehe Lösungen, Seite 156

5
1. Non, ils ne sont pas chez des amis, ils sont au bord de la mer.
2. Non, elles ne sont pas à Ottawa, elles sont à Montréal.
3. Oui, ils voyagent avec les enfants.
4. Non, elle n'est pas à Toulouse pour le travail, elle est à Toulouse pour le week-end.
5. Non, elle ne campe pas au bord de la mer, elle est chez des amis.

6 a.

Anrede	Schlussformel
Cher Papa,	Grosses bises.
Bonjour à tous !	Mille baisers.
Chers amis,	Nous vous embrassons bien fort.
Chère Nicole,	Amitiés de Suzanne.

b.	Familie	Freunde	Bekannte
la Réunion	X		
Montréal			X
Nice		X	
Toulouse			X

7 a.

männlich		weiblich	
Singular	Plural	Singular	Plural
gros	gros	grosse	grosses
charmant	*charmants*	froide	*froides*
cher	*chers*	*chère*	chères
sympa	*sympas*		
ravi	*ravis*		

Die weibliche Form des Adjektivs endet fast immer auf *e*. Der letzte Konsonant wird dadurch ausgesprochen.

b.

Singular		Plural	
männlich	weiblich	männlich	weiblich
petit	*petite*	*petits*	*petites*
magnifique	*magnifique*	*magnifiques*	magnifiques
chaud	*chaude*	*chauds*	*chaudes*
formidable	*formidable*	*formidables*	*formidables*
passionnant	*passionnante*	passionnants	*passionnantes*

Bei Adjektiven, die auf *e* enden *(magnifique, formidable)*, ist im Singular die männliche und weibliche Form gleich.

8 a. und b.
Nice est une ville *magnifique*. Il y a des musées *passionnants :* le musée Marc Chagall, le musée Matisse. La Promenade des Anglais est très *belle*, elle fait trois kilomètres de long. L'hôtel Negresco est un monument historique, mais attention, le café est très *cher* ! Les *petites* rues de la Vieille Ville sont fraîches quand il fait *chaud*. Pour le shopping, c'est *formidable* : il y a des boutiques et des grands magasins comme les Galeries Lafayette. Visitez le marché aux fleurs et achetez un gros bouquet de mimosa pour vos amis.

Anhang Übungen 2 und 3, siehe Lösungen, Seite 157

9 a., b. und c. *Freie Übungen*

10 *Lösungsvorschlag:*
Chers amis,
Je suis à Paris pour le week-end. Paris est une ville magnifique. Il ne fait pas beau, il pleut, mais il y a le musée d'Orsay et les grands magasins pour le shopping. C'est formidable. J'espère que vous allez bien. Amitiés de Bernd.

11
1. Il ne fait pas beau.
2. J'aime les randonnées en montagne.
3. Le café est très cher.
4. Il ne pleut pas.
5. Je pense à toi.
6. Il fait beau à Toulouse ?
7. Quel temps fait-il à Nice ?
8. J'espère que tu vas bien.

12 *Freie Übung*

3.8

1 a.
Richtige Aussagen: 2 ; 3 ; 4

b. *Vgl. Kassette/CD*

2 a.
Wie man sich am Telefon meldet:
Allô ?/Qui est à l'appareil ?
Wie man sich verabschiedet:
Je rappelle bientôt./Je vous embrasse./Au revoir.

b.

Qui est à l'appareil ?	Je répète.
Tu me passes maman, s'il te plaît ?	Je rappelle bientôt.
Attends un instant.	Bonjour à...

3
– Allô ?
Δ Allô ? C'est Michel Dupuis ?
– Non, c'est Antoine Jamon. Qui est à l'appareil ?
Δ Jacques Tupinier, vous me passez Michel, s'il vous plaît ?
– Attendez un instant... Désolé, il n'est pas là.

Δ Bon, tant pis. Je rappelle demain. Au revoir et merci.
- Au revoir.

Anhang Übung 1, siehe Lösungen, Seite 157

4
1. Intonationsfrage: *Tu vas bien ?*
2. Frage mit est-ce que... : *Est-ce que tu as fait bon voyage ?*
3. Inversionsfrage: *Quel temps fait-il ?*

5
1. Est-ce que vous regardez souvent la télévision ?
2. Est-ce que tu aimes lire ?
3. Est-ce que vous parlez multimédia ?
4. Est-ce que vous parlez alsacien ?
5. Est-ce que vous aimez Djian ?
6. Est-ce que vous mangez souvent au restaurant ?
7. Est-ce que vous êtes un vrai cinéphile ?
8. Est-ce qu'il est le nouveau James Stewart ?

6 a., b. und c. *Freie Übungen*

7 a.

20 vingt	52 cinquante-deux
31 trente et un	73 soixante-treize
42 quarante-deux	92 quatre-vingt-douze
51 cinquante et un	

Vgl. Kassette/CD

b. und c. *Freie Übungen*

8 a. 15 ; b. 81 ; c. 21 ; d. 163

9
un tableau de Renoir : *page 11*
une carte postale de Montréal : *page 42*
l'alphabet : *page 15*
un vin de Bordeaux : *page 29*
une moto : *page 21*
Emile Pat : *page 50*

10 a. Quelques numéros utiles en France ?
... mitten in der Nacht einen Arzt erreichen: *SAMU 15*
... Pass verloren: *Police 17*
... eine Telefonnummer in Frankreich suchen: *Renseignements 12*
... eine Telefonnummer in Belgien suchen: *Renseignements internationaux 00.33.12*
... es brennt: *Pompiers 18*
... das Telefon ist gestört: *Dérangements 13*

b. Notruf Polizei 110 ; Feuerwehr 112...

c. *Freie Übung*

11 a.

84 = le Vaucluse	75 = Paris/la Seine
13 = les Bouches-du-Rhône	59 = le Nord
31 = la Haute-Garonne	29 = le Finistère
92 = les Hauts-de-Seine	17 = la Charente-Maritime

b. *Freie Übung*

12

1. 111	3. 407	5. 630
2. 200	4. 325	6. 810

13 a.
tu *vas* ; vous *allez*

Anhang Übungen 2 und 3, siehe Lösungen, Seite 157

b. *Freie Übung*

14 a.

[ɔ̃] wie in *wagon*	[ɑ̃] wie in *croissant*
bon - nous allons - les pompiers	le temps - charmant- trente

b.

[ɔ̃] wie in *wagon*	[ɑ̃] wie in *croissant*
1. montagne	2. intéressant
4. maison	3. renseignements
6. Allons.	5. cinquante

c. *Freie Übung*

15
1. Comment allez-vous ?
2. Ça va bien, merci.
3. Vous me passez Thierry, s'il vous plaît ?
4. Désolé/e, Thierry n'est pas là.
5. Je rappelle ce soir.

16 a.
vent ; passionnants ; charmants ; Maman
mangeons ; allons ; parlons ; aimons

b. *Vgl. Kassette/CD*

3.9

1 *Freie Übung*

2 a.
le temps - le cadeau - le gâteau - les voyages

b.
positiv: Très bon ! - Délicieux. - C'est joli. - C'est vraiment gentil. - Excellent. - C'est bon pour le moral.
negativ: C'est horrible. - Ce n'est pas mon genre. - C'est mauvais pour la santé.
+ *oder* –: Ça dépend.

3
1. Merci. A la vôtre !
2. Bon anniversaire !
3. Il est délicieux.
4. Ça dépend de la saison !
5. C'est très beau. - Ce n'est pas mon genre !

4
1. f ; 2. d ; 3. e ; 4. a ; 5. g ; 6. b ; 7. c

LÖSUNGEN LEKTIONEN

5 a., b. und c. *Freie Übungen*

6 a.
Oléron, c'est *une* île.

b.
◆ *Un thé* , s'il vous plaît !
○ Et pour vous, monsieur ?
△ Pour moi, *un café* et *un gâteau* au chocolat.
◆ Regarde le monsieur à l'entrée. Il a *une* belle *cravate* et *un costume* très élégant. Oh, il est avec *une dame* assez extravagante. Avec *une robe* comme ça, on va à l'opéra ! **4.10**

Anhang Übung 1, siehe Lösungen, Seite 157

7 a.
j'*ai*
vous *avez*

b.
1. as 2. avez - avons 3. a - a

Anhang Übung 2, siehe Lösungen, Seite 157

8 a. und b. *Freie Übungen*

9 a. *Lösungsvorschläge:*
1. as - a ; 2. avons ; 3. a ; 4. ont ; 5. avez ; 6. ai

b. *Lösungsvorschläge:*
J'ai un costume.
Tu as un numéro de téléphone ?
Il/Elle/On a deux chiens.
Nous avons un cadeau.
Vous avez raison.
Ils/Elles ont une belle maison.

10 a.
M. et Mme Brisset *sont* en vacances avec les enfants. Ils *sont* dans la maison de famille en Belgique. Ils *ont* très beau temps mais les nuits *sont* fraîches. Les enfants *sont* ravis parce qu'ils *ont* des frites tous les jours.

b. und c. *Vgl. Kassette/CD*

11 *Freie Übung*

12 a.
[ʒ] wie in Journal: tu exagères - original - gentil - voyager - fromage - joyeux
[ʃ] wie in Schuh: franchement - chantilly - charmant - chaud

b. *Vgl. Kassette/CD*

c. *Freie Übung*

Anhang Übung 3, siehe Lösungen, Seite 157

13
1. Vous avez raison.
2. Tu exagères !
3. Je vais à Paris ce week-end.
4. Bon anniversaire !
5. Je n'aime pas du tout les grosses motos.

14 *Freie Übung*

4

1 a. *Freie Übung*

b.
un pastis ; un whisky ; un jus d'orange; une menthe à l'eau

c. die Whiskyflasche

2 *Freie Übung*

3
vouloir : tu *veux* - il/elle/on *veut* - vous *voulez*
prendre : je *prends* - tu *prends* - il/elle/on *prend* - vous *prenez*

4 a. und b. *Freie Übungen*

Anhang Übung 1, siehe Lösungen, Seite 157

5
Qu'est-ce que vous *voulez* ?
Je *veux* des vacances.
Je *veux* une grande maison.
Alors, qu'est-ce que tu *veux* ?
Nous *voulons* un million d'euros.
Et les enfants, qu'est-ce qu'ils *veulent* ?
Moi, je *veux* un ordinateur comme papa. Et Caroline, elle *veut* un CD.

6
1. – Qu'est-ce que tu *veux* pour le petit-déjeuner ?
2. ∆ Les enfants *apprennent* le latin à l'école.
   • Ah bon ? Je ne *comprends* pas pourquoi on *apprend* encore le latin aujourd'hui. Et toi, tu *apprends* une langue ?
   ∆ Oui, j'*apprends* le français et l'italien.
   • Moi, j'*apprends* l'espagnol.
3. – Vous *voulez* un digestif ?
4. ∆ Vous ne *comprenez* pas bien le français ? ...
   On *comprend* les gestes, non ?
5. – Vous *prenez* un verre avec nous ?
   • Avec plaisir. Moi, je *prends* un jus de fruits.
   – Et Christophe, il ne *prend* rien ?
6. – Sophie et Alice ne *prennent* pas le bus, elles *prennent* un taxi. Et vous ?
   ◊ Nous, nous *prenons* le métro.
7. – Ils *veulent* partir pour le week-end, mais Jacqueline ne *veut* pas prendre la voiture.

7
des tomates farcies = gefüllte Tomaten
des glaçons = Eiswürfel

Anhang Übung 2, siehe Lösungen, Seite 157

8 *Freie Übung*

9 a.
◊ *Qu'est-ce que* vous prenez ?

Wenn eine *Est-ce que*-Frage gestellt wird, lautet die Antwort *oui/ja* oder *non/nein* oder sie beginnt zumindest damit. Wird nach einem direkten Objekt gefragt, kann die Frage mit *Qu'est-ce que* anfangen.

b.
1. Est-ce que vous êtes Allemande ?
2. Qu'est-ce que tu regardes ?
3. Est-ce qu'il fait beau ?
4. Qu'est-ce que tu aimes ?
5. Qu'est-ce que tu prends ?
6. Est-ce que vous restez pour le dîner ?

10
refuser qch *(etw. ablehnen)* : 4
accepter qch *(etw. annehmen)* : 1 - 6
proposer qch *(etw. vorschlagen, anbieten)* : 2 - 3 - 5 - 7

11 *Lösungsvorschläge:*
1. Oui, merci. - Non, je ne prends rien.
2. Non, on ne reste pas.
3. Tu veux un pastis ?
4. Bon alors, un petit pastis.

12 a.
Peter Mayle *est* Britannique. Il *habite* en Provence, avec sa femme. Il *raconte* sa vie dans le Sud de la France, dans son livre "Une année en Provence".
J. : Vous *avez* une maison ?
P. M. : Oui, nous *avons* une maison provençale typique, un "mas".
J. : Est-ce que vous *aimez* les spécialités de la région ?
P. M. : Ah oui, nous *adorons* le fromage de chèvre, la ratatouille et l'aïoli. Nous *prenons* aussi le pastis tous les jours.
J. : Vous *voulez* rester ici pour toujours ?
P. M. : Oui, on ne *veut* plus partir. Vous *comprenez* sûrement.
J. : Oui, je *comprends* tout à fait. Vous *avez* de la chance.

b. *Vgl. Kassette/CD*

Anhang Übungen 3 und 4, siehe Lösungen, Seite 157

13
1. Qu'est-ce que vous prenez ?
2. Vous prenez/Tu prends un cognac ?
3. Vous voulez/Tu veux rester pour le dîner ?
4. Non merci, je ne prends rien.
5. Je prends plutôt un café.
6. Désolé/e, j'ai rendez-vous.

14 *Freie Übung*

4.11

1 a. Nicolas veut visiter la maison de Monet à Giverny.
b. Isabelle accepte l'invitation. Elle vient vendredi soir.

2 a.
Vendredi - Samedi - Dimanche

b.
Vendredi 6 janvier : aller chez Nicolas
Samedi 7 janvier : manger une raclette
Dimanche 8 janvier : visiter la maison de Monet

c. *Freie Übung*

3 *Lösungsvorschläge:*
Lundi, je mange des radis.
Mardi, j'invite des amis.
Mercredi, je prends un martini.
Jeudi, je travaille toute la nuit.
Vendredi, je reste au lit.
Samedi, je vais à Tahiti.

4 a. und b. *Freie Übungen*

5 a.
jeudi 6 - dimanche 9 - mercredi 12 - lundi 17 - vendredi 21 - samedi 22 - mardi 25

b.
1. dimanche 9   2. lundi 17   3. vendredi 21

6
je viens   tu viens

7 a. *Freie Übung*

Anhang Übung 1, siehe Lösungen, Seite 158

b.
– Quand est-ce que vous *venez* à Paris ?
• Nous ne *venons* pas maintenant, nos amis de Francfort *viennent* passer le week-end chez nous.
♦ Hé, Martine, tu *viens* au cinéma avec moi dimanche ?
– Oui, oui, je *viens*.
♦ Et Gilles, il *vient* ?
– Non, il ne *vient* pas.

8
1. Ça *va* ?
c. Non, ça ne *va* pas du tout. J'*ai* la grippe.

2. Nous *visitons* le Musée Marmottan samedi. Vous *venez* avec nous ?
d. Samedi ? Oui, nous *venons* avec plaisir.

3. Tu *prends* un café avec moi ?
e. Non, je *suis* désolée, mais je n'*ai* pas le temps.

4. Nicolas *veut* rester pour le week-end. Tu es d'accord ?
b. Ah, c'est une bonne idée ! Isabelle *reste* aussi ?

5. Moi, j'*adore* Monet, et toi ?
a. Oh moi, je n'*aime* pas les impressionnistes !
Je préfère l'art moderne.

Anhang Übung 2, siehe Lösungen, Seite 158

9 *Freie Übung*

Anhang Übung 3, siehe Lösungen, Seite 158

10 a.
inviter qn
Pourquoi tu ne viens pas à la maison ?
Tu as envie de venir ?

remercier qn
Merci pour ton invitation.

accepter qch
Je viens volontiers.

b. *Freie Übung*

11 a. und b. *Freie Übungen*

12 *Lösungsvorschläge:*
A : Je fais une fondue samedi soir à 19 heures.
Tu viens ?
B : Allô, ici Eberhardt. Merci pour ton invitation. C'est vraiment gentil de ta part, mais samedi soir je vais au concert de Patricia Kaas. Je suis désolé.

Anhang Übung 4, siehe Lösungen, Seite 158

13
1. Merci pour ton invitation. Je viens volontiers.
2. Je n'ai pas l'intention de travailler le dimanche.
3. Merci pour l'invitation. C'est une bonne idée.
4. C'est gentil de ta part, mais samedi, je n'ai pas le temps.
5. Je suis désolé, mais le vendredi, je joue au tennis.
6. J'ai des projets pour le week-end.

14 *Freie Übung*

L.12

1 rose ; vert/e ; jaune ; blanche ; bleu/e

2 la maison	le jardin
la façade, la cuisine, la salle à manger, les chaises, les armoires, la table, le salon, les chambres, l'atelier	les fleurs, le jardinier, les roses, les iris, les nymphéas

3
1. le rose ; 2. le vert ; 3. le rouge ; 4. le violet ; 5. le bleu ;
7. le jaune ; 8. le blanc ; 9. le maron

Anhang Übung 1, siehe Lösungen, Seite 158

4 a. *Freie Übung*

b. les chaises sont *jaunes* et les vases sont *verts.*
La table de la cuisine est *bleue.*
Les fleurs sur la table de la cuisine sont *roses* et *vertes.*
Les iris sont *violets, bleus, jaunes* et *blancs.*

Anhang Übung 2, siehe Lösungen, Seite 158

5 *Lösungsvorschläge:*
Ils sont petits ou gros, blancs ou noirs. Qu'est-ce que c'est ? – Les nuages.
Elles sont longues, bonnes pour la santé et orange. Qu'est-ce que c'est ? – Les carottes.
Elle est blanche, sucrée, mauvaise pour la santé. Qu'est-ce que c'est ? – La chantilly.

6 a. *Freie Übung*

b.
1. la salle de bains ; 2. le salon ; 3. les toilettes ; 4. la cuisine ;
5. le balcon ; 6. la chambre ; 7. la salle à manger
Vgl. Kassette/CD

7 a.
Beau 5 pièces, salon, grande salle à manger, 3 chambres, cuisine équipée, 2 W.-C., grande terrasse, jardin, garage
Nice 2 pièces, tout confort, beau salon, petite chambre avec balcon, salle de bains, toilettes indépendantes
Studio 33 m², cuisine indépendante, salle de bains neuve, tout confort, chauffage central, à 500 mètres de la mer

b. *Freie Übung*

8 a.
obere Etage: *les chambres*; rechts vom Eingang: *la cuisine*
links vom Eingang: *le salon*; unten rechts: *le jardin*

b. derrière ; à droite ; *à gauche ; dans* ; sur ; *devant ; à côté* ; sous ; *entre*

Anhang Übung 3, siehe Lösungen, Seite 158

9 *Freie Übung*

10 a. appartement c

b. und c. *Freie Übungen*

11 *Freie Übung*

12 a. Wörter mit dem Laut [s] wie in Tasse.
façade - salon - sauf - salle à manger - célèbre - iris - impressionniste

b. [s] wie in Tasse	[z] wie in Vase
façade ; salon ; sauf ; salle à manger ; célèbre ; iris ; impressionniste	musée ; cuisine ; maison ; rose ; visiter

c. *Vgl. Kassette/CD*

13
1. Quel temps fait-il à Giverny ?
2. De quelle couleur est la maison de Monet ?
3. Tu as envie de visiter la maison de Monet avec moi ?
4. Maryse est dans le salon.
5. La chambre est à l'étage.

14 *Freie Übung*

Entracte, siehe Lösungen, Seite 158

LÖSUNGEN ANHANG

1.1

1 je m'*appelle* - Je *suis* - je m'*appelle* - *c'est*

2

3
1. Bonjour, madame !
2. Vous êtes... ?
3. à demain !
4. Tu t'appelles comment ?
5. Salut, ..., ça va ?

1.2

1 *Freie Übung*

2
1. Reinhard Mey, dt. Liedermacher
2. Gerhardt Schröder, Bundeskanzler ab 1998
3. Patricia Kaas, französische Sängerin
4. Benoîte Groult, frz. Schriftstellerin
5. Jacques Chirac, frz. Staatspräsident ab 1995
6. Michael Klett, dt. Verleger
7. Martin Walser, Schriftsteller
8. Brigitte Bardot, französische Schauspielerin und berühmte Tierschützerin

1.3

1
1. cinq / deux
2. trois / quatre
3. quatre / trois
4. deux / cinq
5. six / un
6. un / six

2 *Freie Übung*

3
1. quatre
2. un
3. deux, six, dix
4. six - dix
5. dix-sept, dix-huit, dix-neuf
6. trois, quatre, sept, huit, treize, quatorze, dix-sept, dix-huit, vingt
7. onze, douze, treize, quatorze, quinze, seize
8. deux, cinq, sept, huit, neuf, onze
9. keine

2.4

1
1. aiment
2. aimons
3. aime
4. aiment
5. aimes
6. aime
7. aimez

2
1. gâteaux
2. lavande
3. autoroute

Lösungswort? EAU

3
1. Non, c'est en Allemagne. (Brandenburger Tor)
2. Non, c'est en Belgique. (Manneken-pis)
3. Non, c'est en France. (Glaspyramide vor dem Louvre)
4. Non, c'est en Suisse. (Alphornbläser)

4 *Lösungsvorschläge:*
Je m'appelle Mariane Schmidt. Je suis Allemande.
Je suis de Berlin. J'aime l'opéra et la peinture moderne. J'ai un chien.

2.5

1
1. parlez
   parle
2. travaillons - aime
   restez
3. voyages
   reste - travailler
4. travaillent

2 a. *Lösungsvorschläge:*
– Vous êtes Allemand ? Vous aimez la France ?
  Vous parlez bien français.
∆ Merci, j'apprends le français pour le travail. Je travaille à Stuttgart, je suis ingénieur, je voyage beaucoup. Et vous, vous voyagez beaucoup ?...

b. *Freie Übung*

3 *Lösungsvorschläge:*
◊ Je parle français. Je voyage pour le travail.
  Je travaille beaucoup. J'aime la France.
• Il/Elle parle français. Il/Elle voyage pour le travail.
  Il/Elle travaille beaucoup. Il/Elle aime la France.

2.6

1
Genf - Genève ; *Lüttich* - Liège ; *Kopenhagen* - Copenhague ; *Wien* - Vienne ; *Köln* - Cologne ; *London* - Londres ; *Mailand* - Milan ; *Braunschweig* - Brunswick ; *Aachen* - Aix-la-Chapelle ; *Venedig* - Venise ; *Basel* - Bâle ; *Dresden* - Dresde ; *Regensburg* - Ratisbonne ; *Frankfurt* - Francfort

2
1. es
2. suis
3. sont
4. être
5. es
6. sommes

3
suis - es - est - sommes - êtes - sont
Lösungswort: LE LUXEMBOURG

3.7

1
1. il ne fait pas chaud.
2. il ne pleut pas.
3. il ne neige pas.
4. il ne fait pas froid.
5. Paris, le temps n'est pas formidable.

Lösungen Anhang

2
1. belles randonnées
2. grand magasin.
3. petite rue.
4. gens *sont* charmants.
5. gros bouquets

3
1. Suisse
2. Belgique
3. Maroc
4. France
5. Canada

Lösungswort: FRANCOPHONIE

3.8

1
1. b ; 2. e ; 3. a ; 4. c ; 5. d

2 a.
je : vais - suis - téléphone - parle
tu : vas - manges
il/elle/on : téléphone - parle - est
nous : travaillons - regardons - voyageons
vous : êtes - allez
ils/elles : aiment - vont - restent

b.
aller : il/elle/on va, nous allons
être : tu es, nous sommes, ils/elles sont
travailler : je travaille, tu travailles, il/elle/on travaille, vous travaillez, ils/elles travaillent
aimer : j'aime, tu aimes, il/elle/on aime, nous aimons, vous aimez
regarder : je regarde, tu regardes, il/elle/on regarde, vous regardez, ils/elles regardent
téléphoner : tu téléphones, nous téléphonons, vous téléphonez, ils/elles téléphonent
voyager : je voyage, tu voyages, il/elle/on voyage, vous voyagez, ils/elles voyagent
manger : je mange, il/elle/on mange, nous mangeons, vous mangez, ils/elles mangent
parler : tu parles, nous parlons, vous parlez, ils/elles parlent
rester : je reste, tu restes, il/elle/on reste, nous restons, vous restez

c. *Lösungsvorschläge:*
1. Je vais chez le docteur.
2. Nous travaillons beaucoup.
3. Ils restent pour le week-end.
4. Je suis optimiste.
5. Elle parle bien français.

3

1. allons - allez	4. va
2. vais - vas - allons	5. vous allez
3. vas - va	6. allons - vont

3.9

1

1. le - la le - la	2. • l' – une - la	3. ◊ le – un	4. • un - une – le

2

1. est - a - a	3. est - as
2. – avez • suis	4. sommes - avons 5. ai - sont

3 a.

1. magnifiques	4. excellents
2. belles - classique	5. belle - chère
3. charmants	6. délicieux

b. *Freie Übung*

4.10

1

a. waagrecht: whisky/eau/vin/thé/bière/jus/café

senkrecht: porto/pastis/kir/cognac

Lösung: À LA VÔTRE !

b.
UN whisky, vin, thé, jus, café, porto, pastis, kir, cognac
UNE eau, bière

2
1. Nous avons des enfants charmants.
2. Ils ont des cravates chères.
3. Ils vont en vacances dans des pays magnifiques.
4. Nous mangeons des gâteaux au chocolat.
5. Vous prenez des glaçons ?

3 a.
Rainer et moi, nous *sommes* Allemands. Nous *avons* deux enfants, Julia et David. Nous *apprenons* le français. Pour les vacances, nous *allons* souvent en Provence, parce que nous *aimons* bien la région. Nous *voyageons* beaucoup, nous *visitons* les petites villes et nous *mangeons* les spécialités régionales. Nous *avons* beaucoup d'amis français.

b.
Rainer et moi, *on est* Allemands. *On a* deux enfants, Julia et David. *On apprend* le français. Pour les vacances, *on va* souvent en Provence, parce qu'*on aime* bien la région. *On voyage* beaucoup, *on visite* les petites villes et *on mange* les spécialités régionales. *On a* beaucoup d'amis français.

4

1. le château	4. la villa	6. la cabane
2. l'iglou	5. la tente	7. la caravane
3. l'immeuble		

4.11

1

je ou tu *viens*
ils *viennent*
nous *venons*
vous *venez*
il/elle/on *vient* *Lösungswort:* VIENNE

2

Ok, je *parle* après le bip sonore ! Salut Marion ! C'*est* moi, Xavier. Merci pour ton invitation. Désolé, dimanche, ça ne *va* pas. Je *suis* au bureau de 9 à 20 h avec un collègue de Belgique. On *a* des problèmes avec l'installation d'un ordinateur. Il *vient* pour ça. Et après, nous *mangeons* dans un restaurant de l'aéroport. Tu *comprends*, il *voyage* beaucoup ; il *veut* prendre l'avion de 22 h. Je te *rappelle* lundi. Salut !

3

1. pour
2. Ø - à - de
3. chez - de
4. de - en - dans - avec - pour - avec - Ø
5. Avec - À

4 a. *Lösungsvorschlag:* Merci pour ton invitation ! Je viens avec plaisir ! Amitiés de Doris.

b. *Lösungsvorschlag:*
Dimanche soir, je fais des crêpes avec des amis de Bretagne. Tu as envie de venir ? Merci de me téléphoner demain.

4.12

1

2. noir, jaune et rouge
3. bleu et jaune
4. bleu, blanc, rouge
5. rouge et blanc
6. vert, blanc et rouge

2 a.
rose : la rose - violet/te : les lilas - bleu/e : l'eau - orange : l'orange - vert/e : la menthe à l'eau - jaune : le soleil - rouge : le vin - noir /e : le chocolat

b.
La rose est rose. Les lilas sont violets. L'eau est bleue. L'orange est orange. La menthe à l'eau est verte. Les nuages sont blancs. Le soleil est jaune. Le vin est rouge. Le chocolat est noir.

3

1. dans
2. sur
3. sous
4. entre
5. à droite
6. devant - derrière

ENTRACTE 1

1. Bilan :

Sie haben u.a. gelernt:

[1] sich vorzustellen
[3] zu fragen, wie man ein Wort schreibt
[9] nachzufragen, wenn Sie etwas nicht verstanden haben
[4] zu sagen, warum Sie Französisch lernen
[11] zu sagen, was Sie nicht mögen
[6] nach dem Befinden von jemandem zu fragen
[5] über das Wetter zu sprechen
[12] jemanden einzuladen
[8] etwas positiv zu beurteilen
[7] wie man jemandem Grüße ausrichten lässt
[10] wie man etwas zu trinken anbietet
[2] wie man etwas ablehnt

Was Sie außerdem gelernt haben:

[5] die Formen der Verben auf -er
[1] die Formen der unregelmäßigen Verben: *avoir, être, vouloir, aller, venir* und *prendre*
[6] den bestimmten und unbestimmten Artikel
[4] die Formen der Adjektive
[8] die Verneinung
[2] die Formen der Fragestellung
[3] einige Ortsangaben
[7] die Zahlen von 1 bis 2000

2. Questions :

wie viel = combien
wie = comment
welcher = quel
warum = pourquoi
wo = où
was = qu'est-ce que
wer = qui

3. Consignes :

Regardez. = Sehen Sie sich an.
Lisez. = Lesen Sie.
Ecrivez. = Schreiben Sie.
Faites correspondre. = Ordnen Sie zu.
Cochez. = Kreuzen Sie an.
Choisissez. = Wählen Sie aus.
Complétez. = Ergänzen Sie.
Vérifiez. = Überprüfen.
Ecoutez. = Hören Sie zu.

LÖSUNGEN RENDEZ-VOUS D'AFFAIRES

1.1

a. le/la collègue - le crédit - le budget - l'organigramme - la production - la garantie - le/la secrétaire

b. *Freie Übung*

1.2

a.

1. P.D.G.	5. C.V.
2. T.G.V.	6. T.V.A.
3. P.M.E.	7. S.A.R.L.
4. Z.I.	

b. *Freie Übung*

1.3

1. marketing
2. ingénieur
3. Arnault - architecte

2.4

a. 5	d. 3
b. 6	e. 4
c. 2	f. 1

2.5

a. Rendez-vous le 06/08 avec M. Bertrand.
Thèmes de discussion :

1. problèmes de coordination et de communication
2. stratégies pour l'export et liste des produits
3. restructuration du personnel

b.

- statégie *f* (Strategie), export *m* (Export), liste *f* (Liste)
- thème *m* (Thema), discussion *f* (Diskussion), problème *m* (Problem), coordination *f* (Koordinierung), produit *m* (Produkt), restructuration *f* (Umstrukturierung), personnel *m* (Personal)
- Rendez-vous heißt im Französischen entweder Termin oder Rendez-vous (in diesem Sinne in Deutschland bekannt). In diesem Kontext heißt es: Termin

2.6

a.

1. *Bonjour* ! Stefan Neumann.
2. Vous *travaillez* pour Siemens ?
3. Non, je *travaille* à Munich. Je suis *ingénieur.*
4. Moi, je suis commercial à *Paris.*
5. Vous parlez *allemand* ?
6. Non, mais j'aime *beaucoup* l'Allemagne...
7. Eh bien, vous êtes *libre* après le travail ? J'ai rendez-vous avec des *collègues* au Biergarten...

b.
Ils travaill*ent* pour Siemens. Monsieur Tavernier *est commercial à Paris* et Monsieur Neumann *est ingénieur à Munich.*

3.7

a.

a. 3	e. 4	i. 1
b. 8	f. 6	j. 10
c. 5	g. 2	
d. 7	h. 9	

b.

1. allumer l'ordinateur
2. cliquer avec la souris
3. taper sur le clavier
4. sauvegarder sur disquette
5. imprimer
6. quitter

3.8

1. Allô ! Bonjour, c'est...
2. Qui est à l'appareil ?
3. Je voudrais parler à...
4. Je répète : le...
5. Vous pouvez répéter, s'il vous plaît ?
6. Je rappelle demain.
7. Au revoir.

3.9

a.

1. passer - Qui - instant
2. répéter - numéro - Excusez-moi
3. C'est - comment - vous - envie de

b. *Freie Übung*

4.10

a.

1. Cher
2. Merci
3. suis/vais/viens
4. rendez-vous
5. collègue/chef/directeur
6. projets
7. temps
8. manger/dîner
9. Rappelez/Téléphonez
10. bientôt

b. und c. *Freie Übungen*

4.11

M. Robin : Directeur général
Mlle Picot : Secrétaire
M. Dupont : Directeur du marketing
M. Morel : Directeur de la production
EXPORT

4.12

a. *Freie Übung*

b.
chambre à un lit = Einzelzimmer
prévu = vorgesehen
reconnaissant = dankbar
rétroprojecteur = Overheadprojektor
boissons = Getränke

PARTNERÜBUNGEN

1.2

exercice 5, page 16

Buchstabieren Sie folgende Wörter und vergleichen Sie Ihre Listen.

1.	6. bière
2. Obélix	7. café
3. croissant	8. ....
4.	9. ....
5.	10. pyramide

3.7

exercice 4, page 44

b. Tauschen Sie Ihre Informationen aus.

Quel temps fait-il à Limoges ?

Il pleut. Il neige. Il fait froid. Il fait chaud. Il fait bon. Il y a du vent. Il y a des nuages.